Y0-EIX-516

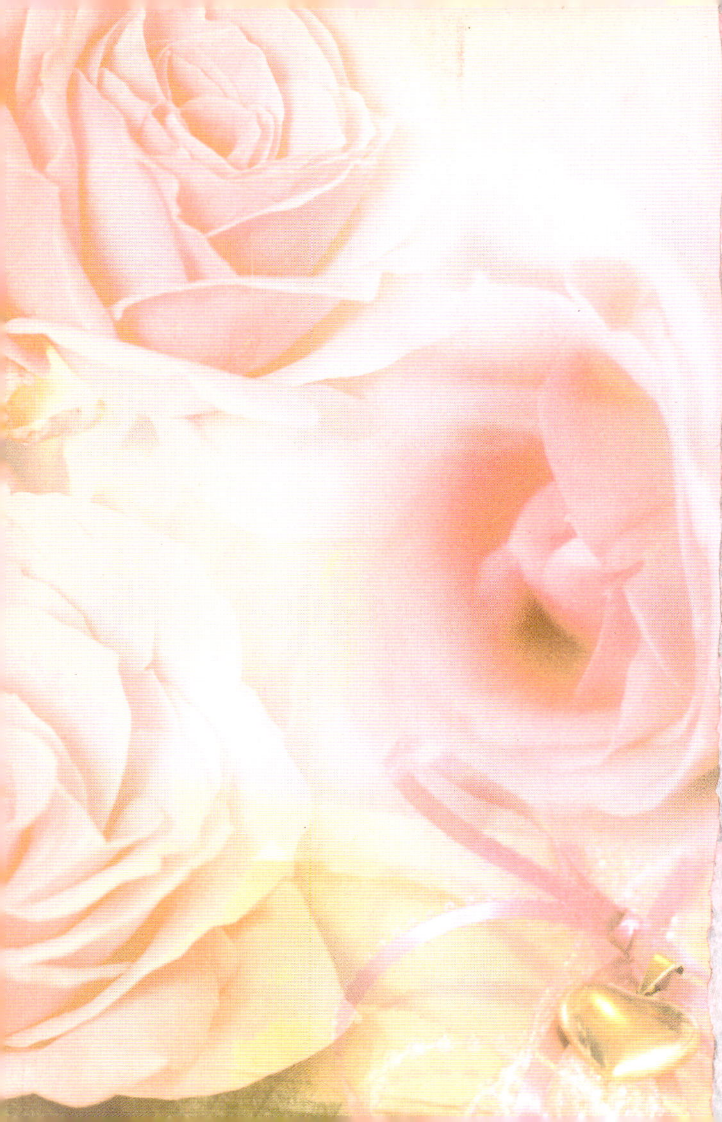

Para:

_____

Ustedes bien saben que ninguna de las buenas promesas del Señor su Dios ha dejado de cumplirse al pie de la letra. Todas se han hecho realidad, pues él no ha faltado a ninguna de ellas.

Josué 23:14

De:

_____

La misión de Editorial Vida es ser la compañía líder en comunicación cristiana que satisfaga las necesidades de las personas, con recursos cuyo contenido glorifique a Jesucristo y promueva principios bíblicos.

GOZO PARA EL ALMA DE LA MUJER
Edición en español publicada por
Editorial Vida – 2000
Miami, Florida

© 2000 por The Zondervan Corporation

Originally published in the USA under the title:
Joy for a Woman's Soul: Promises to Refresh You Spirit
©1998 por The Zondervan Corporation
Published by permission of Zondervan, Grand Rapids, Michigan 49530

Selecciones de:
Because He lives [Porque él vive], por Gloria Gaither. Copyright 1997 por Gloria Gaither. Publicado por Zondervan Publishing House, una división de HarperCollins Publishers. Reservados todos los derechos.
Gozo Bumerán por Barbara Johnson. Copyright 1998 por Barbara Johnson. Publicado por Editorial Vida, una división de Zondervan/HarperCollins. Reservados todos los derechos.
Bring Back the Joy [Devuelve el gozo], por Sheila Walsh. Copyright 1998 por Sheila Walsh. Publicado por Zondervan Publishing House, una división de HarperCollins Publishers. Reservados todos los derechos.
Friend Through Thick&Thin [Amigos contra viento y marea], por Gloria Gaither, Sue Buchanan, Peggy Benson y Joy MacKenzie. Publicado por Zondervan Publihing House, una división de HarperCollins Publishers. Reservados todos los derechos.
Joy Breaks [Pausa de Gozo], por Patsy Clairmont, Barbara Johnson, Marilyn Meberg, Luci Swindoll. Copyright 1997 por Zondervan Publishing House, una división de HarperCollons Publishers. Reservados todos los derechos.
My Life Is in Your Hands [Mi vida está en tus manos], por Kathy Troccoli. Copyright 1997 por Kathy Troccoli. Publicado por Zondervan Publishing House, una división de HarperCollins Publisher. Reservados todos los derechos.
¡Vía libre al gozo! Por Patsy Clairmont, Barbara Johnson, Marilyn Meberg, Luci Swindoll, Sheila Walsh y Thelma Wells. Copyright 1998 por Patsy Clairmont, Barbara Johnson, Marilyn Meberg, Luci Swindoll, Sheila Walsh, Thelma Wells. Publicado por Editorial Vida, una division de Zondervan/HarperCollins. Reservados todos los derechos.
Todas las citas bíblicas se tomaron de La Santa Biblia, Nueva Versión Internacional, Copyright 1999 por la Sociedad Bíblica Internacional. Publicada por Editorial Vida, una división de Zondervan/HarperCollins. Reservados todos los derechos

Traducción: *Orville E. Swindoll*
Diseño interior: *Good Idea Productions, Inc.*
Diseño de cubierta: *Leo Pecina*

RESERVADOS TODOS LOS DERECHOS. • ISBN: 978-0-8297-5688-3

CATEGORÍA: Vida cristiana/Inspiración

IMPRESO EN CHINA
PRINTED IN CHINA

09 10 11 12 13 ❖ 6 5 4 3 2

gozo

para el alma de la mujer

Promesas para renovar tu espíritu

Vida®

Contenido

Primera parte: Descubre el gozo

El gozo de ser yo................................. 8
Descansos gozosos 11
El gozo nos rodea 14
El gozo del amor infinito de Dios 17
El gozo de la creación de Dios 20
Nuestro singular tesoro 23
Dios tiene el control........................... 26
El gozo de sus dádivas 29
El gozo de tener amigos 32
El amor de Dios 35
Una gozosa hija de Dios........................ 38
Compañeras gozosas........................... 41
Dios siempre tiene buena memoria 44
El gozo de su toque............................ 47

Segunda parte: Una perspectiva de gozo

El gozo del cambio 52
Esperanza en Jesús 55
Sin remordimientos............................ 58
Aniquiladores del gozo 61
Supera las dificultades......................... 64
El gozo de la perseverancia 67
El gozo de una perspectiva santa 70
Gozo en las posibilidades...................... 73
El gozo de confiar en el plan de Dios........... 76
Acompañemos a otros en oración 79
El gozo de la gran fidelidad de Dios 82
¿Catástrofe o final feliz? 85
La bendición del denuedo...................... 88
Confianza en medio de las lágrimas 91
El temor destruye el gozo...................... 94

Tercera parte: Multiplica el gozo

La importancia de tener una actitud gozosa . . 100
Una segunda mirada genera perdón 103
Camina con una actitud de gratitud 106
El gozo del envejecimiento 109
La preocupación mata el gozo 112
Un descanso de nuestras tareas 115
Detente, mira y huele 118
Un jardín hermoso 121
Disfruta la vida 124
El gozo de seguir la dirección de Dios 127
Recordar y ser recordado 130
El gozo de la gratitud 133
Siete destructores del gozo 136
El gozo de las relaciones santas 139
El gozo de recibir consejo 142
Considera la actitud de tu corazón 145

Cuarta parte: Esparce el gozo

El gozo de una palabra de aliento 150
El gozo de testificar 153
El profundo llamado de la amistad 156
El gozo de una buena actitud 159
El gozo de una carta cariñosa 162
¡Celebra el gozo! 165
El gozo de ser familia 168
Los días de tu vida 171
Renueva la esperanza con oración 174
Mira a Cristo y encuentra gozo 177
El gozo de dejar que otros te ayuden 180
Compañeras benditas 183
El orgullo destruye el gozo 186
El gozo de la comunión 189
El gozo de ser diferente 192
Vístete de alegría 195
El gozo de cuidar a los familiares 198
Una perspectiva positiva 201
El gozo de Jesús 204

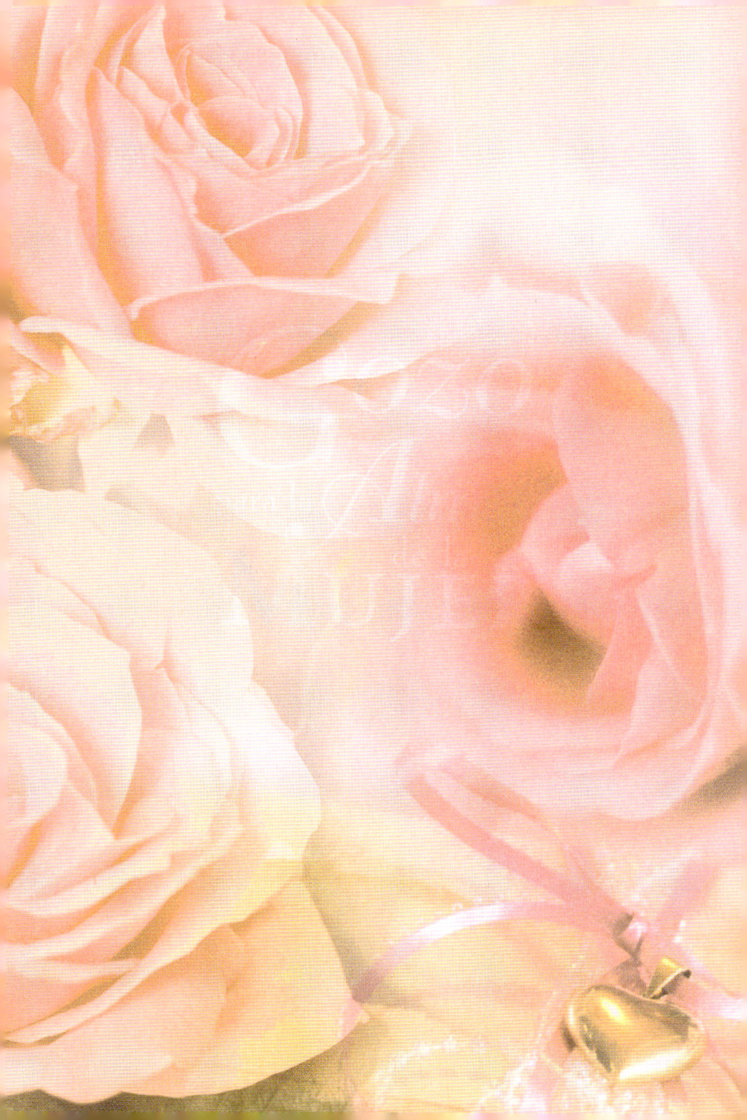

PRIMERA PARTE

Descubre el Gozo

El Gozo de ser Yo

Al viajar por el país encuentro personas con dolores ocultos, dolores disfrazados, dolores aislados. El dolor es una parte normal de la vida.

Por eso pienso: *¿Por qué no obtener tanto gozo como sea posible por el camino de forma que cuando llegue el dolor lo podamos asimilar mejor?*

Ahora todos los días obtengo gozo al rechazar la mentira que me dice que debo sentirme desdichada por causa del equipaje, las cosas y las enfermedades que arrastro por más que trate de ocultarlas o superarlas. Decido hacer cosas estrafalarias, chifladas y cómicas que me hagan reír tanto a mí como a los demás.

Y lanzo el gozo más allá de la cerca de mi vecino de al lado, cruzando la ciudad y a través del universo. Entonces vuelve a mí, a veces dándome un golpe en la cabeza cuando lo necesito. ¡Otras veces con un porrazo en el corazón! ¡Y en ocasiones con un batacazo en el pie! Sin embargo, siempre vuelve. No hay dudas de eso.

BARBARA JOHNSON

¿Quién soy? Yo. Soy yo misma. Nadie más. No hay un duplicado. No existe un clon. Dios me creó y soy la persona que él quiere que sea. Nada más. Nada menos. Y también es así en tu caso.

El escritor de Job dice que la mano de Dios nos dio una forma única a cada uno. Nos formó con exactitud. El gran Yo Soy nos hizo y nos formó. ¡Qué bendito pensamiento! No tengo que ser nadie más, sino yo misma. Y mientras camino con Jesús, el Señor está en el proceso de hacerme más semejante a él. Dios nos creó tal como somos y «nada es despreciable» (1 Timoteo 4:4).

A veces es difícil ser uno mismo porque no nos gusta ser lo que somos. Acéptate como una creación maravillosa de Dios. Entonces tendrás la libertad de ser tú misma sin temor.

¿Quién eres? Una creación única de Dios. No hay nadie como tú. Nunca ha existido, nunca existirá. Solamente tú puedes ser tú. Sé como Dios te hizo.

LUCI SWINDOLL

Promesas sobre Mí

Dios miró todo lo que había hecho, y consideró que era muy bueno.

Génesis 1:31

Tú creaste mis entrañas; me formaste en el vientre de mi madre. ¡Te alabo porque soy una creación admirable! ¡Tus obras son maravillosas, y esto lo sé muy bien! Mis huesos no te fueron desconocidos cuando en lo más recóndito era yo formado, cuando en lo más profundo de la tierra era yo entretejido. Tus ojos vieron mi cuerpo en gestación: todo estaba ya escrito en tu libro; todos mis días se estaban diseñando, aunque no existía uno solo de ellos.

Salmo 139:13-16

Con tus manos me creaste, me diste forma. Dame entendimiento para aprender tus mandamientos.

Salmo 119:73

Descansos Gozosos

Si vas a gran velocidad por la autopista, es posible que la policía te detenga. No obstante, nadie te obliga a tomar un descanso. Tú lo eliges. En la vida las emergencias nos obligan a detenernos, pero hay que planear los descansos.

Cuando la vida te aturde, es bueno soltar las riendas y atenuar un poco el ruido. Ninguna de las circunstancias en las que te encuentres cambiará, pero si puedes reírte de las payasadas de los demás porque quizás también te veas reflejada en ellas, esto te ayudará a aliviar la carga.

¿Recuerdas algo que te suavice la carga? Pudiera ser un vídeo familiar que te haga reír cuando lo veas, o una vieja película muy sentimental, pero con un final feliz.

Ten a mano un episodio o dos de vídeos y almacena algunas meriendas, cualquier cosa que te haga sentir cálida y reconfortada y te ayude a celebrar el momento. ¡No hay nada como el helado de praliné cuando hay que pagar las deudas, la ropa sucia llega al techo y el gato acaba de regurgitar una bola de pelo encima del perro!

SHEILA WALSH

La risa le produce bienestar al ser humano. ¡Como muchos de nosotros no podemos ir de vacaciones a Hawai, tenemos que aprender a crear nuestra propia diversión! Y la mejor manera de hacerlo es manteniendo un estado mental fresco y brillante: busca, recicla o produce gozo dondequiera y como puedas. ¡Un buen humorista es una obra del corazón! El judío hasídico cree que ser feliz es la mejor forma de adorar a Dios. Hasta incorpora danzas y celebraciones en su andar espiritual.

El humor es como trocitos de chocolate en el helado de la vida. ¿Recuerdas lo viejos tiempos cuando en los días calurosos del verano «el heladero del buen humor» recorría las calles del vecindario con su carro de helados haciendo sonar su campanita? En cuanto escuchaban su sonido, todos los niños venían corriendo. No obstante, el buen humor ya no recorre muchas calles. Tienes que salir y conseguirlo tú misma.

Afortunadamente, no es tan difícil encontrarlo.

BARBARA JOHNSON

Promesas sobre el Gozo

Pondrá de nuevo risas en tu boca, y gritos de alegría en tus labios.

> Job 8:21

Si por la noche hay llanto, por la mañana habrá gritos de alegría.

> Salmo 30:5

Dios me ha hecho reír, y todos los que se enteren ... se reirán conmigo.

> Génesis 21:6

Nuestra boca se llenó de risas; nuestra lengua, de canciones jubilosas. Hasta los otros pueblos decían: «El Señor ha hecho grandes cosas por ellos.»

> Salmo 126:2

El Gozo nos Rodea

Luci, otras dos queridas amigas y yo volamos a Chile y nos dirigimos a lo que fue un fantástico viaje a las colonias de pingüinos en los Magallanes. No estaba preparada para el deleite que sentí cuando nuestro autobús descendió hasta la colonia costera, maniobrando con cuidado a través de cientos de pequeños pingüinos que no se preocupaban por saber de quién era el estacionamiento en el que se encontraban ni por el gran tamaño de nuestro vehículo.

Al salir del autobús, un pingüino muy amigable se acercó a una mujer e intentó aflojarle la correa del zapato. Como la correa no cedía, empezó a golpear la pierna de la mujer propinándole palmetazos sucesivos con las aletas, lo cual hizo que todos nos riéramos a carcajadas. No le causó daño a la mujer, pero le quedaron unos moretones memorables.

A mi juicio, el único propósito útil de los pingüinos es proporcionarles un inmenso placer a las personas. Desde la grandeza de los cerros glaciales cubiertos de nieve hasta la torpe ineficiencia terrestre de los pingüinos, qué divertido es simplemente «cantar de gozo» acerca de la creación de Dios.

MARILYN MEBERG

Hace poco me detuve a desayunar en un restaurante de la ciudad. Quería apartar unos momentos para estar sola antes de comenzar un día muy ocupado y lleno de exigencias.

«Solo un huevo, un panecillo casero y un café», le dije a la camarera. Luego abrí el libro que traía para activar mi mente.

Apenas había terminado la segunda página cuando la muchacha me trajo el desayuno. Me preguntó si quería algo más. «Nada más, gracias», contesté.

Sonriendo dijo: «¡Que lo disfrute!», y se fue con rapidez a servir a otra persona.

Aquellas palabras permanecieron como una bendición flotando en el aire sobre mi asiento en el rincón. Esta era una decisión que se me ofrecía. Podía pasar todo el día inconsciente de los milagros que me rodeaban o sintonizarme y... «¡disfrutar!»

El mejor sermón que había escuchado en un largo tiempo fue el que predicó en tres palabras una camarera muy atareada mientras me servía café. Dios nos ha dado este día.

¡Que lo disfrutes!

GLORIA GAITHER

Promesas sobre el Gozo que nos Rodea

Él realiza maravillas insondables, portentos que no pueden contarse. Él derrama lluvia sobre la tierra y envía agua sobre los campos. Él enaltece a los humildes y da seguridad a los enlutados.

>Job 5:9-11

Grandes son las obras del Señor; estudiadas por los que en ellas se deleitan.

>Salmo 111:2

Díganle al justo que le irá bien, pues gozará del fruto de sus acciones.

>Isaías 3:10

Mis escogidos disfrutarán de las obras de sus manos.

>Isaías 65:22

El Gozo del Amor Infinito de Dios

El amor de Dios es un regalo que a veces hace que te olvides de ti misma. El escritor escocés George MacDonald dijo: «El corazón que aún no está seguro de su Dios es el que teme reír en su presencia».

A menudo el sentido de lo que sería apropiado, en ancianos y niños por igual, se ve superado por lo que nos hace sentir bien. Eso es refrescante. Son demasiados los años que desperdiciamos midiendo nuestra conducta según una escala que creemos ver en los ojos de otros.

¡Dios nos ama tal y como somos ahora mismo! Esta es una de las cosas por las que estoy más agradecida. Amo la libertad de ser yo misma en Dios. Ruego que de aquí a un año o dentro de cinco años sea una mujer más piadosa, pero sé que Dios no me amará más de lo que me ama en este preciso momento.

Puedes escapar del frío, sentarte junto a la chimenea, ponerte cómoda y simplemente ser tú. ¡Él te ama, te ama, te ama!

Sheila Walsh

¿Te agrada escuchar las palabras tiernas de tu esposo, hijos, familia y amigos? Desde luego que sí. Sin embargo, saber que un Señor omnipotente, omnipresente y omnisciente nos ama es la mayor sensación de aceptación que se puede tener. Aunque otras personas no nos expresen su amor, siempre podemos contar con Jesús.

Imagínate que Jesús mismo te dice:

«Hija mía, te amo con un amor infinito. Te amo con un amor incondicional. ¡Te amo porque así lo deseo! Te quiero aunque otros te desprecien. Te amo aunque hayas pecado y no alcances mi gloria. Te amo en los buenos tiempos y también en los malos».

THELMA WELLS

Promesas sobre el Amor Infinito de Dios

Hace mucho tiempo se me apareció el Señor y me dijo: «Con amor eterno te he amado; por eso te sigo con fidelidad».

> Jeremías 31:3

Nosotros amamos a Dios porque él nos amó primero.

> 1 Juan 4:19

Pero el amor del Señor es eterno y siempre está con los que le temen; su justicia está con los hijos de sus hijos.

> Salmo 103:17

Den gracias al Señor, porque él es bueno; su gran amor perdura para siempre.

> Salmo 118:1

El Gozo de la Creación de Dios

Una de las cosas que considero fascinantes acerca de la creación de Dios es la forma en que él modera los elementos negativos del ambiente con otros elementos positivos correspondientes. Por ejemplo, sin la lluvia casi incesante del noroeste, ningún paisaje de verdor incomparable nos impactaría la vista desde todas las direcciones. Y la nieve que se acumula encima de los montes Hood, Rainier y San Helens no existiría sin no lloviera en las elevaciones más bajas.

Al mismo tiempo, si Dios no hubiera creado agua para el ambiente del desierto, sin dudas sería un cenicero. No obstante, debido al agua, tenemos el verdor intenso de los campos de golf, las palmeras que se mecen lánguidamente y hasta arroyos en el desierto.

El estilo creativo de Dios asegura que algo maravilloso compensará algo menos maravilloso. Dios es muy balanceado en todas las cosas.

MARILYN MEBERG

¿Por qué la manía de la jardinería? ¿Para qué los libros, almanaques, accesorios, decoraciones, herramientas, música, marcos de cuadros, muebles y ropas? ¿Por qué nos encantan tanto las mesas, sillas y cabeceras para las camas hechas de antiguas cercas de estacas blancas? ¿Por qué las parras, los guisante y los árboles de laurel hechos de seda para el baño, la cocina y el pasillo? Porque ansiamos la dulce serenidad de los verdes y dorados y el color café intenso de la tierra. Porque la comunión con Dios comenzó en un jardín y anhelamos ese tiempo y lugar. Porque las hojas que se agitan al viento, las flores moviéndose y la hierba que ondula con la brisa nos recuerdan nuestro verdadero hogar y el destino lleno de paz que nos espera.

Toma las almácigas que el cielo te prestó y participa en su crecimiento. Llena tus guantes de lodo, broncéate el rostro y arruga tus rodillas aquí en la tierra. Cultiva la fe y el amor. Sigue confiando en la cosecha. Dios convertirá tu esfuerzo y energía en algo hermoso.

BARBARA JOHNSON

Promesas sobre la Creación de Dios

¡Oh Señor, cuán numerosas son tus obras! ¡Todas ellas las hiciste con sabiduría! ¡Rebosa la tierra con todas tus criaturas!

Salmo 104:24

¡Y esto es sólo una muestra de sus obras, un murmullo que logramos escuchar! ¿Quién podrá comprender su trueno poderoso?

Job 26:14

¡Solo tú eres el Señor! Tú has hecho los cielos, y los cielos de los cielos con todas sus estrellas. Tú le das vida a todo lo creado: la tierra y el mar con todo lo que hay en ellos. ¡Por eso te adoran los ejércitos del cielo!

Nehemías 9:6

Nuestro Singular Tesoro

Los hombres tienen un punto de vista muy diferente al de las mujeres. Las mujeres llamamos a otros para que vengan a ver a un cachorro juguetón o un gatico acurrucadito, o a oír el arrullo de un bebé. Mientras tanto los hombres muestran una pequeña serpiente como si fuera un brazalete, señalan el animal que recientemente murió en la carretera, y eructan tan alto que se registra un 6,3 en la escala de Richter.

No todos los varones, solo una buena porción, se interesan por lo asqueroso de la vida. Sin embargo, me doy cuenta de que los supermachos de mi vecindario preferirían investigar un nido de arañas antes que observar las nuevas cortinas de encaje. Aunque todos procedemos del mismo jardín, al parecer no olemos las mismas rosas.

Debemos respetar nuestras diferencias y valorar las contribuciones del género opuesto. Nuestras diferencias nos capacitan para ensanchar la perspectiva de la vida de cada uno. Atesora la unicidad de cada cual y no te olvides de mirar desde otro ángulo.

PATSY CLAIRMONT

A mamá le encanta filosofar. «Los humanos somos coleccionistas por naturaleza», dijo un día. «Nos aferramos al pasado como a un salvavidas». Se inclinó en la silla: «No nos limitamos a coleccionar vajillas finas y fotografías o libros viejos encuadernados en piel. Nos pasamos la vida haciendo colecciones que son más importantes ... temores, fobias y sospechas ... esperanzas, sueños e ilusiones ... atributos, persuasiones y prejuicios».

Como resultado de nuestra conversación, estoy aprendiendo a descartar las cosas superfluas de mi vida. Quisiera deshacerme de casi toda la colección que poseo, excepto una: mi familia y mis amigos. Ellos sí conforman la parte de mi vida que me da cariño, color y tersura; valor, consuelo y fuerza; gozo, lágrimas y, muy a menudo... ¡risas en grandes dosis!

Si me preguntaran qué es lo que más aprecio, de seguro mi respuesta sería mi fe en Dios, pero sin siquiera la separación de una coma tendría que agregar el exquisito tesoro de mis amigos y mi familia.

PEGGY BENSON

Promesas sobre Nuestro Singular Tesoro

Aunque el cuerpo es uno solo, tiene muchos miembros, y todos los miembros, no obstante ser muchos, forman un solo cuerpo. Así sucede con Cristo.

1 Corintios 12:12

Hay un solo cuerpo y un solo Espíritu, así como también fueron llamados a una sola esperanza; un solo Señor, una sola fe, un solo bautismo; un solo Dios y Padre de todos, que está sobre todos y por medio de todos y en todos. Pero a cada uno de nosotros se nos ha dado gracia en la medida en que Cristo ha repartido los dones.

Efesios 4:4-7

Así como cada uno de nosotros tiene un solo cuerpo con muchos miembros, y no todos estos miembros desempeñan la misma función, también nosotros, siendo muchos, formamos un solo cuerpo en Cristo, y cada miembro está unido a todos los demás. Tenemos dones diferentes, según la gracia que se nos ha dado.

Romanos 12:4-6

Dios tiene el control

Veo las huellas de Dios en las obras de sus manos: el amanecer, una estrella fugaz, un ramo de lilas y la sonrisa del recién nacido. Observo una medida de su poder en un huracán, un temblor de tierra y un trueno. Veo su creatividad en un canguro, el Gran Cañón y los ojos azules de un bebé pelirrojo. Detecto su humor en un delfín, un cacto y la chispa en los ojos de un niño de dos años. Soy consciente de su misterio cuando considero la Trinidad, el sistema solar y su deseo de estar en comunión con nosotros. «¿Qué es el ser humano para que lo tomes en cuenta?» (Salmo 8:4).

Sin embargo, ¿cómo encontrar a Dios? A veces lo buscamos y otras veces él nos «encuentra». Cada vez que pensamos en Dios es porque primero él nos tuvo presente. El Señor siempre es el primero. Él ha sido desde el principio (Génesis 1:1) y será hasta el fin (Apocalipsis 1.7). Así que, si una vez lo invitaste a entrar en tu vida, ahora estás en su mente y él habita en tu corazón.

Patsy Clairmont

Cuando digo: «El Señor es mi pastor», recuerdo que él se encarga de mi vida. Como mi pastor, me vigila para asegurarse de que permanezca en el redil. Me ama incondicionalmente, aunque a veces hago mi voluntad. Me protege del peligro. Me provee todo lo que necesito. Me castiga cuando cometo errores. Me consuela cuando estoy triste. Me cura las heridas cuando me hieren. Calma mis temores cuando tengo miedo. Cuida mis relaciones cuando se vuelven inestables. Me baña en el Espíritu cuando busco su rostro. Se comunica conmigo en formas que puedo entender.

Dios promete proveernos todo lo necesario de acuerdo a sus riquezas en la gloria de Jesucristo. Sé que lo hará. Y también se deleita en darnos a menudo lo que queremos.

Puedes depender de él para velar por ti, protegerte, sustentarte, consolarte, castigarte cuando lo necesites, curar tus heridas, calmar tus temores, cuidar tus relaciones, comunicarse contigo y amarte de forma incondicional.

Thelma Wells

Promesas sobre el cuidado de Dios

El que no escatimó ni a su propio Hijo, sino que lo entregó por todos nosotros, ¿cómo no habrá de darnos generosamente, junto con él, todas las cosas?

Romanos 8:32

Así que mi Dios les proveerá de todo lo que necesiten, conforme a las gloriosas riquezas que tiene en Cristo Jesús.

Filipenses 4:19

Manténganse libres del amor al dinero, y conténtense con lo que tienen, porque Dios ha dicho: «Nunca te dejaré; jamás te abandonaré.» Así que podemos decir con toda confianza: «El Señor es quien me ayuda; no temeré. ¿Qué me puede hacer un simple mortal?»

Hebreos 13:5,6

El Señor es mi luz y mi salvación; ¿a quién temeré? El Señor es el baluarte de mi vida; ¿quién podrá amedrentarme?

Salmo 27:1

El Gozo de sus Dádivas

Nuestro Dios es dadivoso. Su generosidad es obvia por medio de la abundancia con que nos otorga el arco iris, las cataratas, los valles y la espuma blanca de las olas.

Un día en que visitaba el desierto se formó una nube como de merengue desplegado sobre una montaña. Otra noche la caída del sol convirtió el horizonte en un plato de melocotones y crema: absolutamente etéreo. El Señor sirve su riquísima belleza en porciones liberales y luego nos invita a tomar nuestra parte.

Muchas veces, durante el ocaso, me he reunido con Marilyn Meberg para observar la espectacular puesta del sol. Las montañas pasan por una serie de cambios emocionantes. En una gama que va del rosa al lila y luego al morado profundo, el atardecer y la puesta del sol parecen cubrir las laderas preparándolas para dormir. Marilyn y yo nunca nos cansamos de la conmovedora exhibición del Señor. Exclamamos «¡ah!» y «¡oh!» a cada momento y podemos sentir que la presión arterial se equilibra mientras las sonrisas y las exclamaciones de placer nos ayudan a expresar nuestra gratitud.

PATSY CLAIRMONT

*N*uestro grupo de apoyo se reúne mensualmente en una iglesia que está frente a Disneylandia. Durante los meses de verano, los fuegos artificiales en Disneylandia a las nueve y media de la noche siempre interrumpen nuestras reuniones. Por lo general, esto me irritaba y molestaba hasta que una noche nos acompañó una pareja de Iowa. Tan pronto como los fuegos artificiales comenzaron, se incorporaron y con los ojos brillantes exclamaron: «¡Fuegos artificiales!» Sus caras se iluminaron y preguntaron: «¿Sería posible hacer una pausa de unos minutos para observarlos?»

Piensa en todo lo que de modo habitual das por sentado. Haz una lista de las cosas más ordinarias y tediosas que cada día suceden y vuelven a suceder en tu vida. Ahora imagínate que un pordiosero venga a vivir contigo durante un día. ¿Qué crees que dirá al ver las sábanas y las frazadas suaves?

«¡Ah, los fuegos artificiales!» El maravilloso reino de Dios está justo frente a nosotros, no importa dónde vivamos. Debemos entusiasmarnos y contagiar a todo el que encontremos con su maravilloso amor y poder. ¡Que comiencen los fuegos artificiales!

BARBARA JOHNSON

Promesas sobre las Dádivas de Dios

Toda buena dádiva y todo don perfecto descienden de lo alto, donde está el Padre que creó las lumbreras celestes, y que no cambia como los astros ni se mueve como las sombras.

Santiago 1:17

¿Quién le puso la boca al hombre? —le respondió el Señor—. Acaso no soy yo, el Señor, quien lo hace sordo o mudo, quien le da la vista o se la quita? Anda, ponte en marcha, que yo te ayudaré a hablar y te diré lo que debas decir.

Éxodo 4:11,12

Si ustedes, aun siendo malos, saben dar cosas buenas a sus hijos, ¡cuánto más su Padre que está en el cielo dará cosas buenas a los que le pidan!

Mateo 7:11

El Gozo de Tener Amigos

A veces, cuando estoy acostada en la cama y no puedo dormir, en lugar de contar ovejas cuento a todas las personas divertidas que Dios ha puesto en mi vida.

En una de esas ocasiones me acosté a las diez y media de la noche. Cuando me desperté, estaba segura de que ya era de mañana, por lo que me asombré al ver que el reloj en mi mesa de noche marcaba solo las doce y media de la madrugada. Así que me levanté, bajé las escaleras, preparé un té caliente y encendí la televisión. Sin embargo, cuando el reloj marcó las tres y media de la mañana volví a la cama.

Fue entonces que recordé algunas de las historias que Luci, Patsy y Marilyn cuentan cuando hablan en sus conferencias y comencé a reírme. No sé si alguna vez has sentido deseos de reír mientras la persona que se encuentra a tu lado está dormida por completo y entonces esto te da todavía más risa. Escondí mi cabeza debajo de las frazadas para tratar de ahogar mis carcajadas.

¿Quiénes te hacen reír debajo de las frazadas solo al pensar en ellos y sus payasadas? ¡La próxima vez que no puedas dormir, dale gracias a Dios por todos aquellos que hacen que tu vida sea más rica!

SHEILA WALSH

$\mathcal{A}$l igual que las personas, las plantas nacen con personalidad. ¡La diferencia, a mi parecer, es que a sus planes para la gente Dios les agregó humor!

Ciertas plantas se alimentan de la semilla que está debajo de la tierra. Otras empujan la envoltura de la semilla hacia arriba, algunas con un cuidado metódico, mientras que otras lo hacen con un abandono temerario.

Con frecuencia recibo la delicada atención de una amiga cuya tranquila compañía le brinda sabiduría y consuelo a mi espíritu.

A veces mis amigos me halagan para hacerme salir de mi ambiente cómodo, y con insistencia me urgen a penetrar el endurecido suelo de la superficie.

Sin embargo, en ocasiones, mis colegas profesionales y los miembros de la familia me han catapultado de mi lecho cálido hacia un mundo que va más allá de mi experiencia.

Cada uno de nosotros cuidamos a nuestros amigos y recibimos sus cuidados de diversas maneras. En sus planes para los amigos, creo que con frecuencia Dios se sale de las líneas al pintar. ¡El color tal vez no rivaliza con el de un jardín de flores, pero la comedia es fantástica!

JOY MACKENZIE

Promesas sobre los Buenos Amigos

En todo tiempo ama el amigo; para ayudar en la adversidad nació el hermano.

Proverbios 17:17

Ya no los llamo siervos, porque el siervo no está al tanto de lo que hace su amo; los he llamado amigos, porque todo lo que a mi Padre le oí decir se lo he dado a conocer a ustedes.

Juan 15:15

El perfume y el incienso alegran el corazón; la dulzura de la amistad fortalece el ánimo.

Proverbios 27:9

Más valen dos que uno, porque obtienen más fruto de su esfuerzo. Si caen, el uno levanta al otro. ¡Ay del que cae y no tiene quien lo levante!

Eclesiastés 4:9,10

El Amor de Dios

¿Cómo encontramos a Dios? Él está en nuestras oraciones guiando las palabras, está en nuestras canciones cuando le adoramos, y pone las palabras en nuestras bocas al consolar a un amigo o hablarle con sabiduría a alguien que necesita esperanza. A veces buscamos un milagro con tanto afán que perdemos la realidad obvia de su proximidad siempre presente. Cuenta tus bendiciones. Él también está presente en ellas.

No podemos ordenarle al Señor que esté en nuestra conciencia. Él es Rey, nosotros sus queridos siervos. Cuando nuestros corazones respondan con ternura («Lo que tú quieras, Señor») y si esto está de acuerdo con su plan supremo, el Señor levantará el fino velo que nos separa. Y qué sorprendidos quedaremos al reconocer que en todo momento él ha estado más cerca que nuestro propio aliento.

A propósito, ha sido mi experiencia que constantemente lo reencuentro, lo cual me ha ayudado a definirme. Tú también puedes perder el rumbo de tu fe. Recuerda, nunca es muy tarde para volver al camino.

PATSY CLAIRMONT

*M*i bebito no sabe lo que es apropiado en lo que a ruidos se refiere. El primer domingo que lo llevamos a la iglesia, optamos por sentarnos en la última fila, sabiendo que al primer chillido enseguida podíamos levantarnos y salir. Cuando comenzó el sermón, todo andaba muy bien. Christian estaba acurrucado en mis brazos, profundamente dormido, o así lo creía yo. De pronto, Christian prorrumpió en una versión infantil de una canción a un nivel de decibeles que podía hacer estallar el tímpano de un perro. Di un salto tan rápido que casi lo tiro al piso. Salí corriendo mientras en vano le susurraba al oído un «¡shh!» Esto solo sirvió para motivarlo a seguir con la segunda estrofa, sonriendo de oreja a oreja.

Cuando al fin llegamos afuera, me estaba riendo tanto que apenas podía caminar o respirar. ¡Hay algo muy encantador en esta clase de inocencia! Cuando los niños se sienten seguros, tienen la libertad de ser naturales. Así podemos vivir también tú y yo. Dios es el único que nos conoce por completo. Él lo sabe todo e igual te ama ¡Qué regalo maravilloso en un mundo donde hay tanta incertidumbre!

SHEILA WALSH

Promesas sobre el Amor de Dios

Porque tanto amó Dios al mundo, que dio a su Hijo unigénito, para que todo el que cree en él no se pierda, sino que tenga vida eterna.

Juan 3:16

Dios demuestra su amor por nosotros en esto: en que cuando todavía éramos pecadores, Cristo murió por nosotros.

Romanos 5:8

A los que me aman, les correspondo; a los que me buscan, me doy a conocer.

Proverbios 8:17

Nosotros hemos llegado a saber y creer que Dios nos ama. Dios es amor. El que permanece en amor, permanece en Dios, y Dios en él.

1 Juan 4:16

Una Gozosa Hija de Dios

¡Es temprano en la mañana del día de Navidad! Me despierto en una fría habitación, los cristales de la ventana están helados y afuera los árboles están revestidos de nieve. Me envuelvo en una cálida bata y me pongo mis zapatillas. Bajo las escaleras con cautela siendo apenas capaz de contener la emoción. Abro la puerta de la sala... un lugar maravilloso, una transformación de la noche a la mañana, de lo ordinario a una abundancia de deseos que descansan en los paquetes envueltos en dorado, rojo y verde. Mandarinas envueltas en papel plateado. El aroma de la comida navideña invadiendo cada habitación.

Me pregunto por qué nuestra visión se debilita con el paso del tiempo. Se nos ha olvidado lo que es el gozo. Fuimos creados para tener gozo, pero se nos ha olvidado cómo es su fragancia. Hemos olvidado su sonido.

Esta noche, antes de irte a la cama, haz algo que te traiga un poco del gozo de la niñez. Come unas galleticas y toma leche o tira un patico en tu bañera. Compra un libro niño infantil, acurrúcate frente a la chimenea y lee. ¡Bienvenida... al gozo!

SHEILA WALSH

¡Me encanta la gente juguetona! Las personas que no son demasiado sofisticadas ni demasiado formales para hacer payasadas. Ellas me atraen como el fango a un niño de dos años.

A veces pienso que los adultos responsables damos por sentado que ser juguetón se puede interpretar como ser un chiquillo o incluso medio tonto. Admito que nada es más trágico que un adulto que no alcanza la madurez necesaria o la sabiduría suficiente para vivir una vida productiva. No obstante, igual de trágicos son los adultos que olvidan cómo expresar sus instintos de juego.

La persona madura es capaz de reconocer la diferencia entre los dos mundos y elegir el mundo apropiado para el momento.

Jesús dijo que es imposible entrar en el reino de Dios si no llegamos a ser como niños (Marcos 10:15). Él parecía asignarle un gran valor a la calidad de la niñez. Y nos recuerda cuán preferible a veces es ser como un niño.

MARILYN MEBERG

Promesas sobre los Hijos de Dios

Más a cuantos lo recibieron, a los que creen en su nombre, les dio el derecho de ser hijos de Dios. Éstos no nacen de la sangre, ni por deseos naturales, ni por voluntad humana, sino que nacen de Dios.

Juan 1:12,13

Háganlo todo sin quejas ni contiendas, para que sean intachables y puros, hijos de Dios sin culpa en medio de una generación torcida y depravada. En ella ustedes brillan como estrellas en el firmamento.

Filipenses 2:14,15

¡Fíjense qué gran amor nos ha dado el Padre, que se nos llame hijos de Dios! ¡Y lo somos!

1 Juan 3:1

Compañeras Gozosas

Si tuviera la oportunidad de elegir compañeras de viaje, sin pensarlo elegiría a Thelma, Luci, Marilyn, Sheila y Barbara.

Thelma a menudo se arrincona entre bastidores, con la Biblia abierta, preparándose para ministrar.

Luci nos puede guiar en una conversación animada con sus ingeniosas preguntas que estimulan el pensamiento.

Marilyn nos hace reír a todas y nos desafía con su sentido del humor y sus aportes perspicaces.

La mente brillante de Sheila, su humor veloz y su excelente devoción iluminan mi camino.

Barbara es una experimentada viajera que me ha enseñado cómo sonreír a través de los kilómetros que recorro.

¿Quiénes son tus compañeros de viajes? ¿Te hacen sonreír durante el camino? ¿Le agregan gozo a tu jornada? Cuando escogemos a nuestros acompañantes debemos ser sabios y elegir a los que son sanos, simpáticos, serviciales y honorables.

PATSY CLAIRMONT

$\mathcal{A}$l comenzar la primavera, una de mis flores favoritas es el pensamiento. Estas flores tienen unas caritas dulces y sonrientes, cada una con su personalidad. Todas las mañanas, las caritas dulces y sonrientes de las pequeñas flores me miran a medida que sus raíces se acomodan en la tierra.

Les devuelvo una sonrisa mientras veo reflejadas en ellas a mis amigas «pensamiento»: personas que a través de los años han llegado a mi vida en el momento exacto en que necesitaba ver una cara amigable y sonriente. Son personas que creen en mí y me lo dicen de muchas maneras. Son rápidas para enviarme una nota motivadora, hacerme una llamada telefónica o sorprenderme con un regalo de cumpleaños. ¡Qué tremendo equipo de rescate!

Durante los días de primavera, cuando camino por mi jardín mientras pienso y oro por mi vida (dónde he estado y dónde estaré), sonrío para mí misma, recuerdo, y le doy gracias a Dios por todos mis «pensamientos».

PEGGY BENSON

Promesas sobre la Compañía Gozosa

Aclamen alegres al Señor, habitantes de toda la tierra; adoren al Señor con regocijo. Preséntense ante él con cánticos de júbilo. Reconozcan que el Señor es Dios; él nos hizo, y somos suyos. Somos su pueblo, ovejas de su prado.

Salmo 100:1-3

Si dos se acuestan juntos, entrarán en calor; uno solo ¿cómo va a calentarse? Uno solo puede ser vencido, pero dos pueden resistir. ¡La cuerda de tres hilos no se rompe fácilmente!

Eclesiastés 4:11,12

Rut respondió: «¡No insistas en que te abandone o en que me separe de ti! Porque iré adonde tú vayas y viviré donde tú vivas. Tu pueblo será mi pueblo, y tu Dios será mi Dios.»

Rut 1:16,17

Dios siempre tiene Buena Memoria

Christi, de las clínicas New Life, me pidió que fuera la invitada «sorpresa» para hablarles a los empleados durante la comida anual de Navidad. Acepté, pero no lo anoté.

El día del programa me mantuve sintiendo una molestia interior que me decía: «Hoy tienes que hacer algo». Sin embargo, no podía recordar qué era.

Luego, el día de Navidad, alguien me preguntó cómo había resultado ser la sorpresa en New Life. ¡Ay, no! El corazón me dio un vuelco. Tuve que encarar lo que había hecho.

¿No sería horrible que Jesús estuviera tan ocupado que se olvidara de lo que le decimos?

¡Gracias a Dios no tenemos que enfrentar esa clase de trato de nuestro Señor! ¡Aleluya, nunca quedamos en el olvido! Podemos depender de Dios. Nosotros desilusionamos a nuestros seres queridos, les ocasionamos inconvenientes a quienes nos aprecian. No obstante, qué maravilloso, qué hermoso, qué alentador es saber que tenemos a un Dios que siempre está cerca para consolarnos y cuidarnos, exactamente cuando más lo necesitamos

THELMA WELLS

$\mathcal{E}$l otro día, Les y yo estábamos en una tienda de antigüedades cuando encima de una mesa divisamos un álbum de fotografías. Como nos interesó, lo abrimos para darle un rápido vistazo y nos encontramos con una familia que parecía mirarnos.

A ambos nos apenó ver que el álbum de alguien estaba al alcance de extraños que lo curioseaban. Nos preguntábamos quién se desharía de su historia (tal vez algunos miembros de la familia, pero... ¿todo el grupo?) ¿Cómo puede una persona botar una fotografía sin sentirse culpable? La imagen de una persona es tan íntima que parece una violación deshacerse de ella. Después de todo, ¿qué tal si este individuo tiene un complejo de rechazo? ¿Y quién se propondría comprar familiares ficticios?

¿Alguna vez sentiste como si tu identidad estuviera perdida en un mundo lleno de gente? Tenemos un Dios cuyo corazón tiene la amplitud necesaria para contenernos a todos, sin embargo, está tan concentrado en cada uno de nosotros que conoce cuándo nos levantamos y nos acostamos. Nuestra cara no es una sorpresa para el Señor y nuestra identidad está grabada en la palma de su mano.

PATSY CLAIRMONT

Promesas sobre la Buena Memoria

¿Puede una madre olvidar a su niño de pecho, y dejar de amar al hijo que ha dado a luz? Aun cuando ella lo olvidara, ¡yo no te olvidaré!

Isaías 49:15

Dios no es injusto como para olvidarse de las obras y del amor que, para su gloria, ustedes han mostrado sirviendo a los santos, como lo siguen haciendo.

Hebreos 6:10

¡Pero tengan cuidado! Presten atención y no olviden las cosas que han visto sus ojos, ni las aparten de su corazón mientras vivan. Cuéntenselas a sus hijos y a sus nietos.

Deuteronomio 4:9

Adquiere sabiduría, adquiere inteligencia; no olvides mis palabras ni te apartes de ellas.

Proverbios 4:5

El Gozo de Su Toque

Yo era una cantante invitada en una cruzada de Billy Graham. El mensaje de Billy fue sencillo y firme. No trató de impresionar, fue un simple llamado a «volver al hogar». Me preguntaba cómo reaccionaría la gente, si considerarían el mensaje demasiado bueno para ser verdad. Me preguntaba si parecía demasiado simple.

Sin embargo, entonces comenzó. La gente se acercaba de forma ininterrumpida para recibir a Cristo. Sentí la necesidad de cubrirme el rostro con mis manos, llena de regocijo al contemplar la magnitud de esta reacción.

Sería una verdadera lástima sentarse todos los domingos en la iglesia y oír lo que se ha dicho acerca de Dios sin poder captar que se trata de una invitación personal: una alfombra de bienvenida solo para ti.

«Si confesamos nuestros pecados, Dios, que es fiel y justo, nos los perdonará y nos limpiará de toda maldad» (1 Juan 1:9). ¿No es maravilloso? ¿No es sencillo? Todo lo que tienes que hacer es orar:

«Padre, gracias por amarme. Gracias porque Jesús murió por mí. Quiero volver al hogar. Gracias por esperarme. Amén».

SHEILA WALSH

*Q*ueremos y necesitamos saber quiénes somos. Para el creyente, desde luego, esto no es un rompecabezas. Una atención específica, ideas y planes acerca de mí se desarrollaron antes de que Dios me formara en el vientre. Esto implica que soy algo más que un cálido encuentro entre mis padres nueve meses antes de que naciera. No importan las circunstancias alrededor de mi concepción. Soy un suceso planeado.

Y no solo soy un suceso planeado, sino que fui apartada. Tengo una tarea específica que hacer para Dios, y fue algo que concibió en su mente antes de que fuéramos formados en el vientre. ¡Esta es una verdad increíble!

No solo se conocen mi identidad y llamado, sino que también según dice Isaías 43:1: «Te he llamado por tu nombre; tú eres mío». Él me considera única y apartada, y dice que soy suya.

Vamos a hundirnos en ese cojín de paz gozosa y nunca olvidar «a quién pertenecemos».

MARILYN MEBERG

Promesas sobre el Toque de Dios

Pero ahora, así dice el Señor ... «No temas, que yo te he redimido; te he llamado por tu nombre; tú eres mío».

>Isaías 43:1

Haré lo que me pides ... pues cuentas con mi favor y te considero mi amigo.

>Éxodo 33:17

Yo, el Señor, te he llamado en justicia; te he tomado de la mano.

>Isaías 42:6

La refinaré como se refina la plata, la probaré como se prueba el oro. Entonces ellos me invocarán y yo les responderé. Yo diré: «Ellos son mi pueblo», y ellos dirán: «El Señor es nuestro Dios.»

>Zacarías 13:9

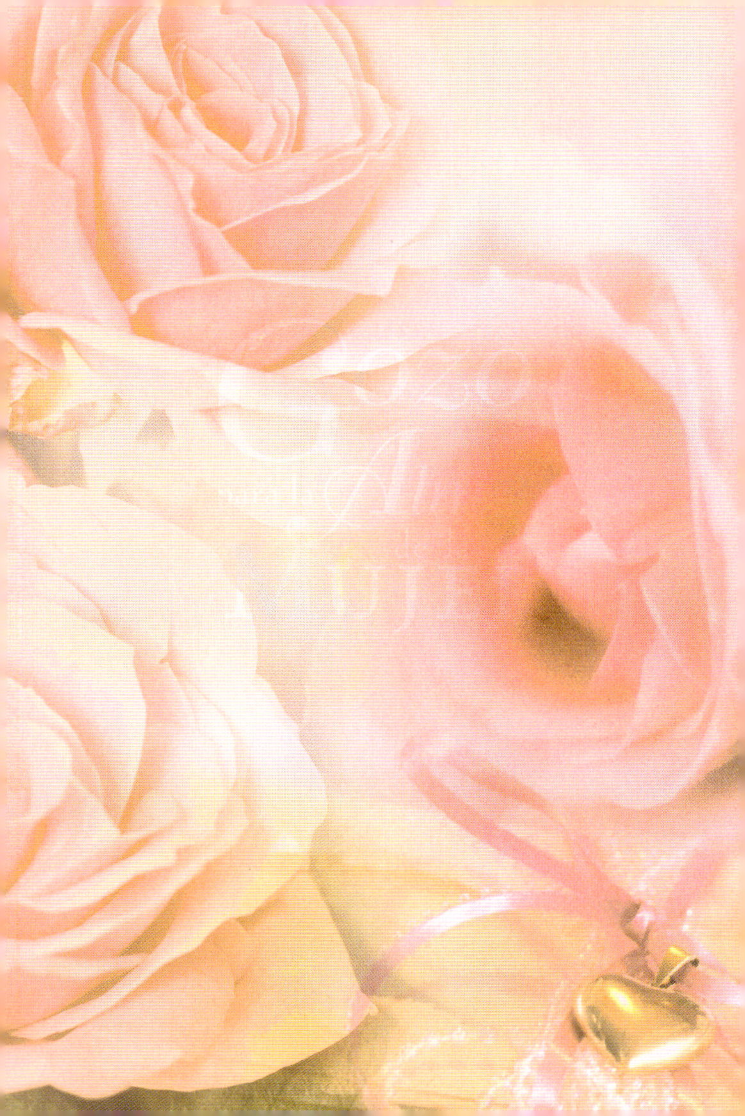

SEGUNDA PARTE

Una perspectiva de *Gozo*

El Gozo del Cambio

Nos guste o no, los cambios constantes son parte de la vida moderna. ¿Qué cosa no cambia?

1. El amor de Dios.
2. La amistad con su Hijo.
3. El poder del Espíritu Santo.

Cuando creas haber experimentado todos los cambios que puedes soportar, da otro paso más para llegar a los brazos abiertos de Dios. Aunque su amor, amistad y poder nunca cambian, el Señor te hizo con un gran cordón espiritual elástico que se alarga con cada tirón. Él sabe exactamente hasta donde cede. Si te está llamando a estirarte, es porque sabe que tienes la flexibilidad necesaria para hacerlo. ¡Así que extiéndete!

Dios sabe que el cambio puede enriquecer tu vida. Vive para hoy, pero deja las manos abiertas al mañana. Aguarda con una expectativa gozosa el futuro y los cambios que produce. Hay una semilla del amor de Dios en cada acontecimiento y cada circunstancia, en cada situación desagradable en la que puedas encontrarte. No te quedes estancada ni aferrada a una antigua bendición. ¡El Dios que sirves es un Dios de cambios!

BARBARA JOHNSON

¡*C*ambio!... En la vida hay pocas cosas absolutamente seguras, pero el cambio es uno de ellas, y al parecer es la que más tememos.

La luna y el océano ofrecen modelos perfectos del ritmo de la vida, constantes al crecer y decrecer, avanzar y retirarse, menguar y ascender. Sin embargo, en nuestro breve peregrinaje por la tierra la mayoría de nosotros no hemos logrado comprender esto. Menguar nos espanta, tememos que la marea nunca vuelva a subir. Exigimos de la vida una constancia que resulta imposible.

Si el gozo está en fluir, en los momentos de mucho avance, la madurez y el desarrollo están en la retirada, el retroceso, el reflujo, durante los que hay una gran preparación y expectativa por el avance emocionante de la próxima ola. Las olas del océano se retiran para darle fuerzas al próximo movimiento de avance.

En su infinita comprensión de la condición humana, Dios se extiende hacia nosotros para calmar nuestro temor al cambio y nos dice: «Confía en mí. Jamás te dejaré. Ven a mí y te haré descansar. En mi presencia hay plenitud de gozo».

Joy MacKenzie

Promesas para el Cambio

Me has dado a conocer la senda de la vida; me llenarás de alegría en tu presencia, y de dicha eterna a tu derecha.

Salmo 16:11

Todo tiene su momento oportuno; hay un tiempo para todo lo que se hace bajo el cielo: Un tiempo para nacer, y un tiempo para morir; un tiempo para plantar, y un tiempo para cosechar; un tiempo para matar, y un tiempo para sanar; un tiempo para destruir, y un tiempo para construir; un tiempo para llorar, y un tiempo para reír; un tiempo para estar de luto, y un tiempo para saltar de gusto; un tiempo para esparcir piedras, y un tiempo para recogerlas; un tiempo para abrazarse, y un tiempo para despedirse; un tiempo para intentar, y un tiempo para desistir; un tiempo para guardar, y un tiempo para desechar; un tiempo para rasgar, y un tiempo para coser; un tiempo para callar, y un tiempo para hablar; un tiempo para amar, y un tiempo para odiar; un tiempo para la guerra, y un tiempo para la paz.

Eclesiastés 3:1-8

Esperanza en Jesús

Hace poco asistí a una reunión de gala para la cual usé un elegante traje de pantalón con zapatos de tacón. Mi pelo estaba sedoso y mis orejas adornadas con un nuevo y deslumbrante par de aretes. Me sentía estupenda... hasta que llegué a la reunión. Era la única mujer que llevaba pantalones, por lo que me sentí fuera de lugar. Después de un tiempo considerable vi a otra mujer vestida con pantalones, y me pregunté si querría sentarse conmigo y ser mi amiga. Pronto comenzaron a llegar otras con un atuendo parecido y dejé de sentir la necesidad de relacionarme con ella.

¿Verdad que somos cómicos? Nos esforzamos mucho por ser originales y luego tememos que esa originalidad nos haga diferentes. Disfruto siendo el centro de atención a menos que esté bajo un reflector crítico. Como la vez que hablé y luego supe que mis enaguas se habían deslizado hacia abajo y estaban saludando al público. Después de la sesión, varios cientos de mujeres me avisaron para que las pudiera esconder. Créanme, la que quería esconderse era yo... y hasta desaparecer en algún otro país. A pesar de las modas actuales, prefiero mantener cubierta mi ropa interior. Me entiendes, ¿verdad?

PATSY CLAIRMONT

El océano es uno de mis lugares preferidos, me encanta oír el sonido de las olas. Camino muchos kilómetros por la costa dejando mis huellas en la arena, que luego el constante flujo y reflujo de la marea borra. Esos momentos traen una calma indescriptible. Puedo ver con claridad de mente y corazón cómo Dios ha cuidado mi vida y me ha acompañado en las tormentas violentas para llevarme a un lugar de paz. Hasta los recuerdos feos, las memorias de dolores y desilusiones, se cubren de un dulce perdón y el anhelo de que todo esté cubierto y en orden bajo el manto cálido de la misericordia del Señor.

Cuando mi mente está dirigida hacia Jesús, cuando mis ojos están enfocados en lo eterno, cuando mis oídos oyen más allá de las voces del momento, puedo escuchar el canto del océano. El Señor de forma milagrosa pone todo en su debida perspectiva cuando mi mente y mi corazón se enfocan en su persona, sus obras y sus promesas. Me vuelvo más agradecida, más esperanzada y, lo que es más importante, más humilde.

KATHY TROCCOLI

Promesas sobre la Esperanza en Jesús

¡Dios es mi salvación! Confiaré en él y no temeré. El Señor es mi fuerza, el Señor es mi canción; ¡él es mi salvación!

Isaías 12:2

Pero no me avergüenzo, porque sé en quién he creído, y estoy seguro de que tiene poder para guardar hasta aquel día lo que le he confiado.

2 Timoteo 1:12

No se angustien. Confíen en Dios, y confíen también en mí.

Juan 14:1

Que el Dios de la esperanza los llene de toda alegría y paz a ustedes que creen en él, para que rebosen de esperanza por el poder del Espíritu Santo.

Romanos 15:13

Sin Remordimientos

¿Sabías que el ópalo es una piedra con el corazón roto? Se compone de polvo, arena y sílice, y está llena de fisuras mínimas que atrapan el aire. Dicho aire refracta la luz y crea colores hermosos que inspiran el apodo de «lámpara de fuego» para el ópalo. Cuando permanece en un lugar frío y oscuro, pierde el brillo. Sin embargo, cuando lo toma una mano cálida, el brillo se restaura. Así ocurre con nosotros. Un corazón quebrantado se convierte en una lámpara de fuego cuando permitimos que Dios sople sobre nosotros y nos caliente con su vida.

Si la vida es difícil, recuerda que siempre la flor tiene que atravesar mucha tierra antes de florecer. El Padre Todopoderoso usará los reveses de la vida para impulsarte hacia adelante. No sigas sufriendo por una experiencia amarga. El presente se va desvaneciendo mientras te lamentas por el pasado y te preocupas por el futuro. El remordimiento no impedirá los dolores del mañana, solo le robará la fuerza al presente. Debes mantener la fe. ¡Con Jesús no tienes un fin sin esperanza, sino que tienes esperanza sin fin!

BARBARA JOHNSON

¿Alguna vez sentiste el deseo de empezar de nuevo? Tal vez todos hemos anhelado una nueva oportunidad en algún momento, no necesariamente para cambiar algo por completo, pero sí para darle un matiz diferente.

En realidad no se puede dar marcha atrás, solo es posible avanzar por territorios desconocidos. Ahondar en las penas nos conduce a la miseria. Cuando el remordimiento produce cambios es un buen amigo, pero cuando lleva a la vergüenza es un enemigo traicionero.

No hay ninguna garantía de que si hubiéramos obrado de manera diferente en algún momento de la vida el desenlace sería distinto. Debemos confiar en que el Dios del universo, que dirige el desenlace de todo, se ocupará de hacer lo que corresponda.

Muchas cosas escapan a nuestro control, pero nunca al suyo. Así que la próxima vez que tú y yo necesitemos apoyarnos en alguien, que sea en el Señor.

PATSY CLAIRMONT

Promesas sobre el Remordimiento

La tristeza que proviene de Dios produce el arrepentimiento que lleva a la salvación, de la cual no hay que arrepentirse, mientras que la tristeza del mundo produce la muerte.

2 Corintios 7:10

Arrepiéntanse y apártense de todas sus maldades, para que el pecado no les acarree la ruina. Arrojen de una vez por todas las maldades que cometieron contra mí, y háganse de un corazón y de un espíritu nuevos.

Ezequiel 18:30,31

Al ver Dios lo que hicieron, es decir, que se habían convertido de su mal camino, cambió de parecer y no llevó a cabo la destrucción que les había anunciado.

Jonás 3:10

Arrepiéntanse y vuélvanse a Dios, a fin de que vengan tiempos de descanso de parte del Señor.

Hechos 3:19

Aniquiladores del Gozo

Algunos dicen que la verdad es más extraña que la ficción; otros dicen que no es más extraña, sino más atípica. (¡Una cosa es cierta: cuando dices la verdad, no hace falta recordar tanto!)

No dejes que el ayer consuma demasiado el hoy. Si te toma por sorpresa, invierte la situación. Como con las tasas de interés, haz que los problemas obren a *tu favor* y no en *tu contra*. No necesitas a un cómico para reír. Una que vez que empieces, puedes guardar algunas frases célebres para un momento apropiado. Cuando alguien diga: «La vida es dura», puedes decir: «Prefiero la vida dura antes que la alternativa, ¿y tú?» Cuando alguien se queje por estar envejeciendo, responde: «Al momento, estoy agradecida de que las arrugas no producen dolor».

La vida es demasiado breve para pasarla enojada, aburrida u ofuscada. Ese no es el plan de Dios. Tal vez el aburrimiento o el ofuscamiento no estén enumerados como pecados en la Biblia, pero te quitan el gozo si les das lugar.

BARBARA JOHNSON

—*A*mor, ¿enviaste aquel formulario de la compañía de seguros? —le pregunté a Barry una tarde.

Pareció palidecer un poco al decir:

—Lo olvidé.

—¿Cómo olvidaste hacer algo tan importante? —le reproché.

—Lo lamento, querida. Se me olvidó —respondió.

En ese momento estaba al borde del precipicio y debía elegir entre tirarme de cabeza o dar un paso atrás. Le pedí a Barry que me disculpara un momento, y tomé la decisión de arrodillarme y renunciar a mi enojo. Al dejar que la ira se fuera, volví llena de gozo.

Renunciar a mis respuestas intempestivas tal vez no te parezca gran cosa, pero produce grandes cambios en nuestra vida. Deseo ser la fragancia de Cristo en medio de las tormentas de la vida en vez de ser parte de la tempestad.

Si luchas con algunos comportamientos antiguos, tan comunes como las várices en las piernas, te animo a invitar a Cristo a esa situación y terminar con tales tendencias. Elige entre ser una gota de lluvia o un rayo de sol.

Sheila Walsh

Promesas sobre los Aniquiladores el Gozo

Tengan presente esto: Todos deben estar listos para escuchar, y ser lentos para hablar y para enojarse.

Santiago 1:19

La actitud de ustedes debe ser como la de Cristo Jesús, quien, siendo por naturaleza Dios, no consideró el ser igual a Dios como algo a qué aferrarse. Por el contrario, se rebajó voluntariamente, tomando la naturaleza de siervo.

Filipenses 2:5-7

Carguen con mi yugo y aprendan de mí, pues yo soy apacible y humilde de corazón, y encontrarán descanso para su alma.

Mateo 11:29

El que afirma que permanece en él, debe vivir como él vivió.

1 Juan 2:6

Supera las Dificultades

Volaba de Minneapolis a California, o al menos eso creía, cuando el piloto anunció que estábamos regresando al punto de partida. «¿Por qué?», fue la pregunta de todos en medio de gruñidos y quejas. El piloto explicó que el avión no podía alcanzar la altura necesaria para cruzar las montañas cerca de Denver. Así que a pesar de nuestras murmuraciones, nos encontramos regresando.

Cuando estuvimos de nuevo en tierra, no pasó mucho tiempo antes de que los mecánicos encontraran la causa del problema. Uno de ellos había dejado la manguera de una aspiradora en la puerta, lo cual impedía que quedara herméticamente cerrada y se lograra presurizar la cabina como era debido. Un simple error de un mecánico descuidado había despojado al avión de su capacidad de elevación.

¿Cuál es la manguera que impide que te eleves? Ora para recibir iluminación. Libérate de las preocupaciones. Sigue las disciplinas enunciadas en la Biblia. Comunícate con el Piloto y también con los trabajadores en tierra. Haz lo que sea para deshacerte de las mangueras que drenan tu energía o te obligan a retroceder. No te des por vencida. No tomes el autobús. Es mejor volar. Recuerda que te sostienen los brazos eternos.

BARBARA JOHNSON

*T*riunfantes ante la adversidad, vencedores de barreras, incontenibles. Conozco personas que poseen estas cualidades. Son una fuente de inspiración para mí. Resisten cuando otros se rinden, forjan un camino cuando otros se quedan atrás, eligen ser gozosos cuando otros se sumergen en la derrota.

Sin embargo, más poderosas todavía son las palabras de Jesús, quien desafió a sus seguidores a mover montañas, caminar sobre el agua, preparar un picnic para cinco mil. Él nos aseguró que haríamos nada menos que lo imposible.

No conozco las circunstancias de tu vida. Tal vez te encuentres en medio de una crisis financiera, tengas dificultades en una relación, o un verdadero sentimiento de ineptitud. Cualesquiera sean tus mayores problemas, asegúrate de no rendirte ante la adversidad. Es posible que al verte digas: «No puedo», y te rindas. Amiga, déjame decirte con todo el amor del mundo que no debes darte por vencida. El viaje apenas empieza. El ancho cielo está sobre tu cabeza. Dios quiere librarte de las ataduras, y sabe cómo hacerlo.

Luci Swindoll

Promesas sobre la Superación de las Dificultades

Aun en la vejez, cuando ya peinen canas, yo seré el mismo, yo los sostendré. Yo los hice, y cuidaré de ustedes; los sostendré y los libraré.

Isaías 46:4

El Dios sempiterno es tu refugio; por siempre te sostiene entre sus brazos.

Deuteronomio 33:27

Él, en cambio, conoce mis caminos; si me pusiera a prueba, saldría yo puro como el oro.

Job 23:10

A pesar de que hasta ahora han tenido que sufrir diversas pruebas por un tiempo. El oro, aunque perecedero, se acrisola al fuego. Así también la fe de ustedes, que vale mucho más que el oro, al ser acrisolada por las pruebas demostrará que es digna de aprobación, gloria y honor cuando Jesucristo se revele.

1 Pedro 1:6,7

El Gozo de la Perseverancia

*U*na fe más reposada. Existe un lugar tranquilo dentro de nosotros en el que no recibimos un latigazo cada vez que la vida nos da una mala pasada. En el que no nos sublevamos cuando el plan divino y el nuestro chocan. Allí nos tranquilizamos (en vez de sofocarnos, sudar y maldecir) en medio de una época de incógnitas. Allí aceptamos (y anticipamos) los desiertos, al igual que el gozo, en nuestra travesía espiritual. En ese lugar, no nos intimidan ni nos persuaden los programas de los demás, solo nos mueve Dios. Podemos sollozar de arrepentimiento, dormir en paz, vivir en plenitud y cantar victoria.

Patsy Clairmont

*M*i hija Vikki, poseedora de un espíritu libre, descubrió que una vez que se empieza a escalar una montaña muy escarpada y difícil, la única opción es mantener la vista en la meta y la mente en las rocas de más arriba. Se debe seguir mirando hacia delante y no hacia atrás, y es necesario orar al dar cada paso hasta llegar a la cima.

El camino a la gloria es difícil, hay rocas y tropiezos, presiones y dificultades. Las cosas no son tan fáciles como quisiéramos. Las sorpresas y las caídas nos esperan en el camino de la vida. Sudaremos, vacilaremos y nos preguntaremos por qué las cosas son así.

Sin embargo, todo camino tiene un final y toda montaña tiene su cima. Si tan solo pudiéramos perseverar y seguir escalando, entendiendo que Dios conoce nuestro esfuerzo, él nos levantará hasta cruzar las montañas. Es un consuelo saber que Dios domina todos los aspectos de nuestro peregrinaje a la gloria, incluso a través de las montañas escarpadas.

THELMA WELLS

Promesas sobre la Perseverancia

Al que salga vencedor le daré derecho a comer del árbol de la vida, que está en el paraíso de Dios.

> Apocalipsis 2:7

No nos cansemos de hacer el bien, porque a su debido tiempo cosecharemos si no nos damos por vencidos.

> Gálatas 6:9

Él dará vida eterna a los que, perseverando en las buenas obras, buscan gloria, honor e inmortalidad.

> Romanos 2:7

Manténganse firmes e inconmovibles, progresando siempre en la obra del Señor, conscientes de que su trabajo en el Señor no es en vano.

> 1 Corintios 15:58

El Gozo de una Perspectiva Santa

Charles Darrow no se propuso convertirse en millonario cuando inventó el juego de mesa «Monopolio», aunque eso fue lo que ocurrió luego de que la firma Parker Brothers lo distribuyera por todo el mundo. El pequeño regalo que desarrolló con trozos de papel, cartón y madera tenía la intención de levantarle el ánimo a su esposa durante su embarazo en la época de la Depresión. Darrow ideó un regalo lleno de gozo, lo compartió con el mundo, y volvió a él multiplicado por miles.

¿Es difícil la vida en tu pequeño apartamento o tu suntuosa mansión? ¿Estás cansada de esperar en filas que no avanzan? Si crees que tu mundo se derrumba o sientes que te deslizas hacia las profundidades de la depresión, no te desanimes.

Recuerda que la temperatura del hogar se mantiene con corazones cálidos, no con miradas heladas, un entusiasmo tibio o ciertos temperamentos acalorados. Tu actitud puede marcar el rumbo emocional de tu familia. Usa cualquier remanente que te quede, aunque al principio solo sea una sonrisa, y verás cómo los regalos vuelven a ti.

BARBARA JOHNSON

*L*a vida es un proceso. Para Dios el proceso no es el medio, sino el fin. Aquello que nos haga correr hacia sus brazos, aferrarnos y depender de él, es lo mejor para nuestras vidas.

En ocasiones hemos estado tan llenos de gratitud y asombro que no hemos podido hacer otra cosa que cantar «Démosle gloria a Dios». Otras veces no hemos podido ver cómo el Señor pudiera estar presente en los momentos difíciles de la vida. Sin embargo, hemos visto siempre, y en todas las circunstancias, que Dios tiene un buen plan para cada una de nosotras. Lo «bueno» de Dios es eternamente bueno.

A veces no podemos entender algunas circunstancias de la vida, mientras que otras nos provocan un dolor insoportable. No obstante, cuando basamos nuestra confianza en una perspectiva más amplia que la visión de este mundo, entendemos que lo que hace nuestro Dios soberano no está al servicio de las circunstancias actuales, sino que esas circunstancias siempre están al servicio de sus propósitos.

¡Démosle gloria a Dios!

GLORIA GAITHER

Promesas sobre una Perspectiva Santa

«Porque yo sé muy bien los planes que tengo para ustedes —afirma el Señor—, planes de bienestar y no de calamidad, a fin de darles un futuro y una esperanza».

Jeremías 29:11

«Porque mis pensamientos no son los de ustedes, ni sus caminos son los míos —afirma el Señor—. Mis caminos y mis pensamientos son más altos que los de ustedes; ¡más altos que los cielos sobre la tierra!»

Isaías 55:8,9

¡Qué profundas son las riquezas de la sabiduría y del conocimiento de Dios! ¡Qué indescifrables sus juicios e impenetrables sus caminos! «¿Quién ha conocido la mente del Señor, o quién ha sido su consejero?» «¿Quién le ha dado primero a Dios, para que luego Dios le pague?» Porque todas las cosas proceden de él, y existen por él y para él. ¡A él sea la gloria por siempre! Amén.

Romanos 11:33-36

Gozo en las Posibilidades

Aunque la higuera no dé renuevos, ni haya frutos en las vides; aunque falle la cosecha del olivo, y los campos no produzcan alimentos; aunque en el aprisco no haya ovejas, ni ganado alguno en los establos; aun así, yo me regocijaré en el Señor, ¡me alegraré en Dios, mi libertador! El Señor omnipotente es mi fuerza; da a mis pies la ligereza de una gacela y me hace caminar por las alturas.

Habacuc 3:17-19

El Señor es mi fuerza y mi escudo; mi corazón en él confía; de él recibo ayuda. Mi corazón salta de alegría, y con cánticos le daré gracias.

Salmo 28:7

Pero yo le cantaré a tu poder, y por la mañana alabaré tu amor; porque tú eres mi protector, mi refugio en momentos de angustia.

Salmo 59:16

Los momentos más crudos del invierno serían insoportables si la esperanza de la primavera no estuviera escondida en el interior de esta fría estación. La primavera siempre llega. Los momentos oscuros de la vida y el corazón de una madre o una esposa se mitigan solo a la luz de la soberanía de Dios. Debemos aprender a apoyarnos en los recursos de un Dios soberano (que no nos garantiza soluciones, respuestas o finales felices, sino un amor incondicional) con la seguridad de que siempre está con nosotros.

El desierto tiene su fin, y en el tiempo de Dios la oscuridad dará paso a la luz. Efesios 3:12 es nuestra garantía: «En él, mediante la fe, disfrutamos de libertad y confianza para acercarnos a Dios». Teniendo la certeza de que nos recibe con alegría, podemos tomar nuestro lugar en un mundo lleno de personas como nosotras, personas que no saben a dónde ir y que nunca habían creído que llegarían a encontrarse en la circunstancia actual, entendiendo que la única respuesta para todos es Jesucristo.

¡Llevemos las buenas nuevas con gozo!

JOY MACKENZIE

Promesas sobre las Posibilidades

Porque todo el que ha nacido de Dios vence al mundo. Ésta es la victoria que vence al mundo: nuestra fe.

1 Juan 5:4

Yo les he dicho estas cosas para que en mí hallen paz. En este mundo afrontarán aflicciones, pero ¡anímense! Yo he vencido al mundo.

Juan 16:33

Para Dios todo es posible.

Mateo 19:26

¡Ah, Señor mi Dios! Tú, con tu gran fuerza y tu brazo poderoso, has hecho los cielos y la tierra. Para ti no hay nada imposible.

Jeremías 32:17

El Gozo de Confiar en el Plan de Dios

Mira la vida que tienes en tus propias manos. ¿Está dañada, arruinada? Medita en ella. ¿Traerá consigo oportunidades encubiertas de crecimiento y alegría? ¿Qué cosa que ahora no parece importante lo será dentro de cien años? ¿Qué cosa que parece importante en la actualidad no lo será al cabo de un siglo?

En los momentos que parecen perdidos, observa y espera. Aprende a reconocer lo precioso y rechaza el impulso a descartar las cosas. ¡Pídele a Dios que te ayude a ver todo según su óptica! Pronto, y a pesar de tus limitaciones, comenzarás a sentir esperanza en la situación en que te encuentres.

Dios usa las pruebas y los triunfos para hacer anotaciones en las páginas de nuestra vida. Son señales de que él nos usa, nos ama y nos conforma a su imagen, mientras disfruta de nuestra compañía, nos libra del mal y coloca un sentimiento de eternidad en nuestros corazones. Alégrate en todo, pues el presente es lo único certero. Valora el momento que tienes en tus manos aquí y ahora.

BARBARA JOHNSON

*E*n el plan infinito de Dios para mi vida, fui gestada en el vientre de una niña soltera renga, cuyos padres, avergonzados por la situación, la obligaron a dejar su hogar y encontrar su propio camino. Mi bisabuela convenció a mi madre para que me dejara vivir en la casa de la abuelita. Ella y mi querido bisabuelo, Papi Harrell, se apegaron mucho a mí. Papi Harrell y yo nos volvimos amigos inseparables. Él era ciego, pero en cuanto crecí un poco y aprendí a moverme por el barrio, me convertí en sus ojos. Lo guiaba de la mano por las calles para ver al doctor, visitar a los amigos o ir a la iglesia.

Papi Harrell confiaba en mí para ir de un lugar a otro, sin temor a caerse o a que lo atropellara un automóvil. De la misma manera me enseñó a confiar en Dios y a entregarle mis temores y ansiedades. Dios supo que el cuidado de mis bisabuelos sería el catalizador que me impulsaría a aprender las verdades divinas y a reconocer su obra en el diario vivir. Conozco a mi Padre celestial porque lo he visto en las personas que amo.

THELMA WELLS

Promesas sobre Confiar en el Plan de Dios

No les toca a ustedes conocer la hora ni el momento determinados por la autoridad misma del Padre.

> Hechos 1:7

En ti confían los que conocen tu nombre, porque tú, Señor, jamás abandonas a los que te buscan.

> Salmo 9:10

Bendito el hombre que confía en el Señor, y pone su confianza en él. Será como un árbol plantado junto al agua, que extiende sus raíces hacia la corriente; no teme que llegue el calor, y sus hojas están siempre verdes. En época de sequía no se angustia, y nunca deja de dar fruto.

> Jeremías 17:7,8

Teman al Señor, ustedes sus santos, pues nada les falta a los que le temen.

> Salmo 34:9

Acompañemos a Otros en Oración

Cada vez que nos detenemos para acompañar a otros en sus problemas, tenemos la oportunidad de impartir un gozo bumerán. No hace falta que seas famosa o importante. No es necesario que te aclamen o te busquen mucho. Sé original, procura ser auténtica y mantén aquellos valores que te afirmen en la bondad.

Busca la sorpresa bumerán de tu vida. Préstale atención al sonido que indique que el bumerán puede estar cerca. Debes estar en contacto permanente con las personas y perseguir aquello que te traiga gozo. Sueña con abandono. Ora con fe, pero ten cuidado con lo que pides... ¡porque todo es posible por medio del poder de la oración!

Barbara Johnson

Como madre, encuentro solaz al orar por mis hijos en los tiempos buenos y malos. Cuando mis hijos me llaman para contarme sus penas, les pregunto si primero han escuchado música de alabanza. Si no lo han hecho, les pido que me llamen después de hacerlo, a menos que sea una verdadera emergencia.

Creo que una de las mejores maneras de fomentar la oración es escuchando música que nos impulse a entrar en un espíritu de adoración. Eso ayuda a apartar la mente de la dificultad y fijar la vista en el Solucionador de problemas.

Mientras espero la nueva llamada, yo también hago lo que digo. Canto, escucho música cristiana y oro. Y por lo general, cuando me vuelven a llamar, tenemos armonía entre nosotros y con el Señor.

Se nos instruye a orar sin cesar debido a que las oraciones afirman el poder de Dios en nuestra vida. Hasta los pensamientos que no expresamos pueden llegar a ser oraciones. Esto permite que la oración fluya sin cesar. Cuando no oramos, no defraudamos a Dios, sino a nosotras mismas.

THELMA WELLS

Promesas sobre Acompañar a Otros en Oración

Clama a mí y te responderé, y te daré a conocer cosas grandes y ocultas que tú no sabes.

Jeremías 33:3

El Señor está cerca de quienes lo invocan, de quienes lo invocan en verdad.

Salmo 145:18

Cualquier cosa que ustedes pidan en mi nombre, yo la haré; así será glorificado el Padre en el Hijo. Lo que pidan en mi nombre, yo lo haré.

Juan 14:13,14

Ayúdense unos a otros a llevar sus cargas, y así cumplirán la ley de Cristo.

Gálatas 6:2

El Gozo de la Gran Fidelidad de Dios

Los cristianos solemos tener más dificultades para lidiar con los problemas que el resto del mundo debido a que creemos que debiéramos ser perfectos. Cuando las cosas se descontrolan, tal vez te preguntes: «¿Dónde dejé la fe?»

A menudo, nuestra fe es muy superficial. Nos aferramos a una cruz acolchada en vez de tomar la vieja y áspera cruz. Lo que debiera distinguirnos es la confianza, la habilidad de darle rienda suelta a Dios en nuestras circunstancias, en vez de tratar de manejar todo por cuenta propia.

Reconócelo ahora y ahórrate años de preocupación. No existen las superfamilias. No hay nadie perfecto. Estás en el lugar que marca la «X» en el mapa de tu vida. Sin importar cuál sea el dilema que enfrentas, debes preguntarte qué importancia tendrá de aquí a cien años. Debes soltar las riendas y dárselas a Dios. Él nunca te defraudará. Te ayudará a enfrentar el futuro sin reservas, con el corazón dispuesto, con amplitud de mente y toneladas de confianza.

BARBARA JOHNSON

*U*na noche Bill y yo escuchamos en la radio cómo un pastor afroamericano animaba a su congregación con un mensaje genuino de compasión. Él repetía una y otra vez el Salmo 30:5: «Si por la noche hay llanto, por la mañana habrá gritos de alegría». Luego pedía oírlos a todos ellos declarándolo. «Si por la noche hay llanto...» Y la congregación repetía la frase cantando.

«Por la mañana habrá gritos de alegría», coreaban a una voz. «Por la mañana habrá gozo».

Al oírlo, nuestros propios problemas parecían adquirir la perspectiva adecuada frente al inmenso poder y la gran fidelidad de Dios.

No importa cuán trágicas parezcan las circunstancias ni qué extensa sea la sequía espiritual, a pesar de lo larga y oscura que sea la noche, vendrá el amanecer. Veremos que Dios estuvo con nosotros todo el tiempo. Lo oiremos decir a través de cada situación: «¡Persevera, hija mía, en la mañana habrá gozo!»

GLORIA GAITHER

Promesas sobre la Gran Fidelidad de Dios

El gran amor del Señor nunca se acaba, y su compasión jamás se agota. Cada mañana se renuevan sus bondades; ¡muy grande es su fidelidad!

>Lamentaciones 3:22,23

El Señor es fiel, y él los fortalecerá y los protegerá del maligno.

>2 Tesalonicenses 3:3

Estoy convencido de esto: el que comenzó tan buena obra en ustedes la irá perfeccionando hasta el día de Cristo Jesús.

>Filipenses 1:6

Tu amor, Señor, llega hasta los cielos; tu fidelidad alcanza las nubes.

>Salmo 36:5

¿Catástrofe o Final Feliz?

Debemos reconocer la inmensa diferencia entre un simple inconveniente y una gran catástrofe. Nadie dijo que la vida sería fácil, sin dificultades ni libre de problemas. Esto es de conocimiento popular. El secreto para superar los problemas está en cómo los percibimos. Es una cuestión de actitud. Quedarse sin café o que un picnic haya sido cancelado por la lluvia son inconvenientes. Sin embargo, una mandíbula destrozada, un hueso maxilar roto, una nariz aplastada o un ojo tuerto son problemas catastróficos.

Tal vez soy una optimista disparatada, pero creo que se debe disfrutar la vida con optimismo en vez de soportarla de mala gana. Sabemos que la misma traerá complejidades y dificultades, lo afirman las Escrituras. No obstante, ¿por qué tomamos tan a pecho las irritaciones menores? ¿Por qué actuamos como si fuera el fin del mundo? Piensa en el dolor, el conflicto y la ansiedad que nos ahorraríamos si entendiéramos que los simples inconvenientes se pueden superar.

LUCI SWINDOLL

*C*reo que el mundo lo formó la mano poderosa de un Dios amoroso. La Biblia muestra que somos un pueblo de Pascua que vive en un mundo de Viernes Santo, y no un pueblo de Viernes Santo que vive en un mundo de Pascua. Eso significa que estamos destinados al gozo por difícil que sea nuestro diario vivir. Algo en nosotros responde a la alegría que sienten los demás... ¡porque vemos la vida como Dios la diseñó! Esta es una imagen implantada en el espíritu de la mañana de Pascua: pura, poderosa, potente, como la resurrección.

Ocúpate de ayudar a crear tantos finales felices como sea posible. No temas las lágrimas propias ni las de los demás. Tendrás tu cuota de Viernes Santos, pero la Pascua vendrá. No olvides que los ojos húmedos son algo bueno. Los labios que tiemblan son aceptables. Las voces trémulas no le hacen mal a nadie. Aunque las lágrimas puedan desorientar a algunos o hacer que otros salgan corriendo, son una señal de que hay algo más profundo que debe ser tratado.

Ya no contengas más las lágrimas. Tampoco olvides que el cielo azul es inmensamente mayor que las nubes grises que lo ocultan.

BARBARA JOHNSON

Promesas sobre las Catástrofes y los Finales Felices

*N*o temas, porque yo estoy contigo; no te angusties, porque yo soy tu Dios. Te fortaleceré y te ayudaré; te sostendré con mi diestra victoriosa.

Isaías 41:10

*U*stedes no han sufrido ninguna tentación que no sea común al género humano. Pero Dios es fiel, y no permitirá que ustedes sean tentados más allá de lo que puedan aguantar. Más bien, cuando llegue la tentación, él les dará también una salida a fin de que puedan resistir.

1 Corintios 10:13

*C*onozcamos al Señor; vayamos tras su conocimiento. Tan cierto como que sale el sol, él habrá de manifestarse; vendrá a nosotros como la lluvia de invierno, como la lluvia de primavera que riega la tierra.

Oseas 6:3

La Bendición del Denuedo

Cuando me siento cansada y abrumada por los compromisos con la familia, los amigos, los publicadores y las giras de «Mujeres de Fe», recuerdo las palabras de Jesús: «A todo el que se le ha dado mucho, se le exigirá mucho; y al que se le ha confiado mucho, se le pedirá aun más» (Lucas 12:48).

He recibido muchas bendiciones, y sé que Dios no me bendijo con estos dones para que me recline en mi mecedora y me guarde todo para mí.

A veces la vida se vuelve tan complicada que sentimos que ya no podemos seguir avanzando por este camino lleno de ansiedad. Nos imaginamos estrellados contra una pared de ladrillos, sin poder responder un llamado más, escuchar una queja más ni respirar una vez más. Cuando esa imagen invada tu pensamiento, cambia la pared por Dios. Imagínate apretada contra su corazón, envuelta en sus brazos eternos y reconfortada por su aliento de vida. Piensa que estás rodeada del amor de Dios, inmersa en su fuerza. Así podrás volver salir al camino.

BARBARA JOHNSON

*D*enuedo y temor. Esos dos atributos son una extraña pareja. Pareciera imposible vivir las dos experiencias al mismo tiempo; sin embargo, creo que es el desafío de la vida cristiana. El temor nos dice que la vida es imprevisible, puede pasar cualquier cosa, pero el denuedo responde en silencio: «Es verdad, pero Dios tiene el control».

Si nos detenemos un momento para reflexionar, notaremos que nuestra vida atolondrada no es un ensayo, es la realidad. ¿De qué manera la viviremos?

Deseo llevar una vida apasionada, reconociendo los temores, pero avanzando con denuedo. Quiero mostrarle al mundo el misterio eterno de lo que Dios puede hacer a través de una pecadora totalmente dedicada a él. ¿Por qué conformarse con menos? La vida es dura, pero Dios es fiel.

Sheila Walsh

Promesas sobre la Confianza

Ya te lo he ordenado: ¡Sé fuerte y valiente! ¡No tengas miedo ni te desanimes! Porque el Señor tu Dios te acompañará dondequiera que vayas.

Josué 1:9

No temas, que yo te he redimido; te he llamado por tu nombre; tú eres mío.

Isaías 43:1

Él fortalece al cansado y acrecienta las fuerzas del débil. Aun los jóvenes se cansan, se fatigan, y los muchachos tropiezan y caen; pero los que confían en el Señor renovarán sus fuerzas; volarán como las águilas: correrán y no se fatigarán, caminarán y no cansarán.

Isaías 40:29-31

Dios no nos ha dado un espíritu de timidez, sino de poder, de amor y de dominio propio.

2 Timoteo 1:7

Confianza en Medio de las Lágrimas

Dios nos lava y nos limpia. Su amor enjuaga el residuo que vamos acumulando al tratar de protegernos de las circunstancias difíciles de la vida. Cuando haya terminado su obra en nosotros, tendremos un brillo transparente y lustroso.

En realidad, la lluvia cae sobre el justo y el injusto (principalmente sobre los justos, porque los injustos les roban los paraguas.) Sin embargo, algunas salpicaduras de dolor no me derriban por mucho tiempo. En los pozos ciegos de la vida, me acuerdo de las salpicaduras multicolores de gozo. ¡Llevo mi arco iris conmigo y lo comparto con otros!

No podemos resguardarnos de los problemas, pero podemos danzar en los charcos de la vida con una sonrisa de arco iris, jugando con el único paraguas que necesitamos: el amor de Dios. Su cobertura de gracia alcanza para tratar con cualquier problema que tengamos.

BARBARA JOHNSON

No importa quién eres, has sido creada a la imagen de Dios. Tu vida tiene sentido eterno por medio de Cristo. Aun en las relaciones más estables, a veces existen momentos de alejamiento. No obstante, Cristo siempre está al alcance. Cristo está contigo hoy, así como lo estuvo ayer y lo estará mañana, y cuando recuestes la cabeza por última vez, tu vida apenas habrá empezado.

¿Dónde te encuentras? Tal vez estés preocupada por causa de un hijo alejado de Dios y el temor invade tu corazón. Tal vez veas una pila de cuentas por pagar y que el dinero no alcanza para cubrirlas, por lo que el temor te ataca.

¿Cómo se puede confiar? Te animo a que saltes a los brazos de aquel que puede llenar tu corazón de amor y lances el temor al viento. Cristo no vino para eliminar nuestros problemas, sino para acompañarnos mientras los atravesamos. ¡Por eso, salta de una vez!

SHEILA WALSH

Promesas sobre la Confianza en Medio de las Dificultades

Al de carácter firme lo guardarás en perfecta paz, porque en ti confía. Confíen en el Señor para siempre, porque el Señor es una Roca eterna.

Isaías 26:3,4

Confía en el Señor de todo corazón, y no en tu propia inteligencia. Reconócelo en todos tus caminos, y el allanará tus sendas.

Proverbios 3:5,6

Los que confían en el Señor son como el monte Sión, que jamás será conmovido, que permanecerá para siempre.

Salmo 125:1

El Temor Destruye el Gozo

*H*ay ciertos temores de los que vivía escapando para luego descubrir que cuando me detenía y los enfrentaba, en realidad no había nada que temer. En vez de esquivarlos, lo que necesitaba hacer era enfrentarlos.

Luego de la muerte de mi esposo, no creía poder manejar asuntos financieros como los impuestos, las tasas de interés y las inversiones. No había más remedio que enfrentar el temor que me amenazaba. Todavía preferiría manejar inversiones relacionadas con el brécol, la coliflor o el pomelo, pero ahora sé que leer un formulario de impuestos no me provocará una muerte prematura.

Enfrentar los temores con una oración en mis labios y fe en mi corazón no solo me ayuda a confiar más en Dios, también me permite alcanzar la victoria que solo proviene de él. En realidad, esa una manera fascinante de mantenerse en línea.

MARILYN MEBERG

A pesar de nuestras mejores intenciones, a veces nos hallamos perdidos en un desierto de ansiedad sin encontrar la salida. Lo sé bien, pues me vi en esta situación durante años. No había nada que me pudiera ayudar; me sentía abandonada y ansiosa, sin entender cuál era mi misión en la vida.

No sabía cómo enfocar mis ojos en Dios para dejar que él me guiara.

Es verdad que las metas nos ayudan a ser disciplinadas y a dirigir nuestros esfuerzos hacia el cumplimiento de lo que hemos decidido hacer. Los objetivos no tienen nada malo en sí mismos. Sin embargo, en mi caso, fijar metas sin apoyarme en Dios me había llevado a una situación desconcertante e inquietante. Aprendí que primeramente era necesario acudir a Dios con humildad y entregarle mis preocupaciones para que él fuera mi guía.

Puede que te encuentres en el mismo desierto en el que estuve yo, yendo de aquí para allá con ansiedad, sin saber a dónde vas, sin un mapa y temiendo el desastre. Entrégale tus ansiedades a Dios, él te ama. Te dará su dirección en el momento oportuno.

THELMA WELLS

Promesas sobre Vencer el Temor

Jesús les dijo en seguida: «¡Cálmense! Soy yo. No tengan miedo».

Mateo 14:27

La paz les dejo; mi paz les doy. Yo no se la doy a ustedes como la da el mundo. No se angustien ni se acobarden.

Juan 14:27

«No teman lo que ellos temen, ni se dejen asustar.» Más bien, honren en su corazón a Cristo como Señor.

1 Pedro 3:14,15

Así que no temas, porque yo estoy contigo; no te angusties, porque yo soy tu Dios. Te fortaleceré y te ayudaré; te sostendré con mi diestra victoriosa.

Isaías 41:10

*E*l que habita al abrigo del Altísimo
se acoge a la sombra del Todopoderoso.
Yo le digo al Señor: «Tú eres mi refugio,
mi fortaleza, el Dios en quien confío.»

Ya que has puesto al Señor por tu refugio,
al Altísimo por tu protección,
ningún mal habrá de sobrevenirte,
ninguna calamidad llegará a tu hogar.
Porque él ordenará que sus ángeles
te cuiden en todos tus caminos.
Con sus propias manos te levantarán
para que no tropieces con piedra alguna.
Aplastarás al león y a la víbora;
¡hollarás fieras y serpientes!

«Yo lo libraré, porque él se acoge a mí;
lo protegeré, porque reconoce mi nombre.
Él me invocará, y yo le responderé;
estaré con él en momentos de angustia;
lo libraré y lo llenaré de honores.
Lo colmaré con muchos años de vida
y le haré gozar de mi salvación.»

Salmo 91:1,2,9-16

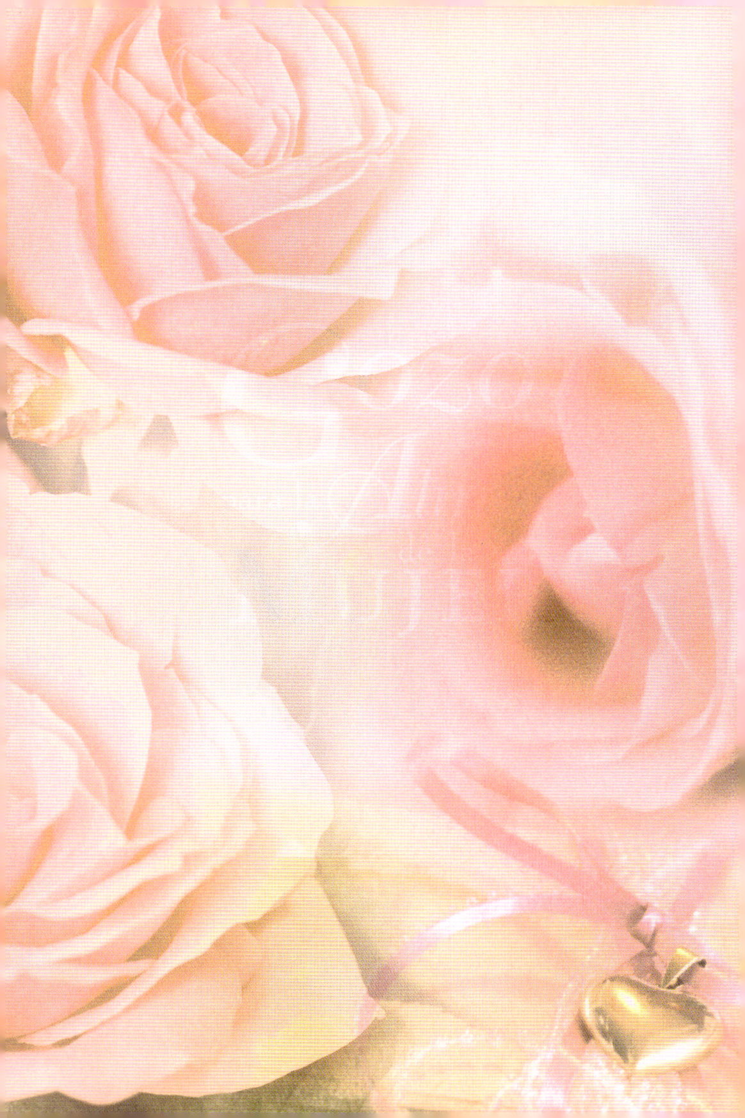

: TERCERA PARTE

MULTIPLICA EL *GOZO*

La Importancia de tener una Perspectiva Gozosa

He decidido tener buen humor y mantenerlo. Por eso quiero tratar a todos con bondad y sonreír cuando veo a la gente, sin importar cómo me tratan a mí. La sonrisa y la bondad vuelven a uno.

Debes mostrar gozo. Una manera de hacerlo es dándoles a otros una razón para reír. ¿Cómo? Yo colecciono bromas y tomo nota de todo lo que me alegra. Tengo el ministerio de la diversión porque la risa es mejor que el terapeuta. Es un ungüento para las quemaduras de la vida. Cuando las caídas de la vida cobran su impuesto, la risa nos da el margen necesario para seguir adelante.

No importa cuáles sean tus problemas, trata de verlos a la luz de otra estrella. Anímate; no temas. Busca la perspectiva jocosa, un nuevo enfoque. Analiza el problema, y luego míralo al revés y con cristales del color de Dios. Examina las posibilidades del problema que te conviertan en mejor persona y te hagan más inteligente, fuerte y amable. Luego toma el bumerán que yo llamo gozo y lanza el problema al mundo desde su lado cómico.

BARBARA JOHNSON

*N*o me alegraba la idea de volar. Si el buen Señor hubiera querido que viajáramos por el aire, hubiera requerido que viviéramos en hangares en vez de en hogares.

Sin embargo, un día me di cuenta de que la navegación aérea iba a ser una constante en mi vida e iba a perder el gozo muchas veces si no cambiaba de actitud. Necesitaba modificar mi perspectiva. Ahora me dispongo a estar agradecida antes de abordar un avión porque:

1. Me permite viajar rápidamente de un lugar a otro y hacer cosas nunca llegaría a hacer por otro medio.

2. Tengo la oportunidad de ofrecer una palabra de bondad a algún viajero ansioso o una azafata preocupada.

3. ¡Aunque no soy muy buena cocinera, puedo hacer mejor comida que las aerolíneas!

Tal vez te encuentras transitando las pistas de tu hogar o tu oficina con el carácter de un avión jumbo. Detente y pídele al Señor que te dé una perspectiva nueva para una vieja rutina. Luego prepárate para despegar y disfruta la vista asombrosa.

PATSY CLAIRMONT

Promesas sobre tener una Perspectiva Gozosa

Todo el que ha nacido de Dios vence al mundo.

>   1 Juan 5:4

El que está en ustedes es más poderoso que el que está en el mundo.

>   1 Juan 4:4

Se convirtió en el Salvador de todas sus angustias. Él mismo los salvó; no envió un emisario ni un ángel. En su amor y misericordia los rescató; los levantó y los llevó en sus brazos como en los tiempos de antaño.

>   Isaías 63:9

La nación que toca a mi pueblo, me toca la niña de los ojos.

>   Zacarías 2:8

Una Segunda Mirada Genera Perdón

¿Has oído hablar de la semana internacional del perdón? Ciertamente, la encontré en el calendario, en medio del invierno. En esa época una se siente embotada, apagada y encerrada, como si la primavera nunca fuera a llegar. Te encuentras inquieta, fría e irritable, como cuando guardas rencor.

El perdón permite enterrar el rencor en la tierra gélida y dejar el pasado atrás. El resentimiento se expele cuando una es la primera en perdonar. El perdón moldea tu futuro. Es algo valiente e impetuoso. La decisión más atrevida que puedes tomar. Al perdonar a otros, el invierno pronto dará lugar a la primavera a medida que el gozo fresco sube por la tierra de tu corazón.

El perdón es un principio extraordinario, es tu boleto para escapar del odio, el temor y el caos. Sé cómo duele el remordimiento, he ganado mis propias credenciales. Sin embargo, también sé el bien que hace el perdón porque Dios con su gracia me perdonó. El perdón te libra del pasado para que puedas tomar buenas decisiones hoy. Sigue el ejemplo de Jesús.

BARBARA JOHNSON

Una vez entré a un banco de Dallas para reunirme con un vicepresidente ejecutivo a fin de tratar sobre la capacitación del servicio al cliente. Fui hasta el escritorio de su secretaria, sonreí y me anuncié. La secretaria dejó de trabajar, me miró de arriba abajo, no me dio respuesta alguna, se levantó y se fue, dejándome de pie esperando. Había decidido que yo no merecía ni un asentimiento, mucho menos una sonrisa o un saludo.

Cuándo dicté la clase del servicio al cliente, ella fue una de las mejores participantes. Era agradable, positiva, gentil y equilibrada. No obstante, nada de eso me interesaba. La imagen que perduraba era mi primera impresión.

Sin embargo, no estaba siguiendo la admonición de Cristo de darles otra oportunidad a las personas. Debía haberle dado esa opción.

Tal vez hayas marcado a alguien con una cierta opinión y ya no quieras tener contacto con esa persona. Con todo, tal vez la misma merezca una nueva oportunidad.

Solo Dios nos conoce por dentro y por fuera. Sabe lo que nos motiva y nos acepta aun en nuestros peores momentos. Deseo poder hacer lo mismo por otros.

THELMA WELLS

Promesas sobre el Perdón

En él tenemos la redención mediante su sangre, el perdón de nuestros pecados, conforme a las riquezas de la gracia.

Efesios 1:7

Él nos libró del dominio de la oscuridad y nos trasladó al reino de su amado Hijo, en quien tenemos redención, el perdón de pecados.

Colosenses 1:13,14

Pero aun cuando nos hemos rebelado contra ti, tú, Señor nuestro, eres un Dios compasivo y perdonador.

Daniel 9:9

Sean bondadosos y compasivos unos con otros, y perdónense mutuamente, así como Dios los perdonó a ustedes en Cristo.

Efesios 4:32

Camina con una Actitud de Gratitud

Si tan solo viéramos la mano de Dios y oyéramos y aprendiéramos, podríamos comprobar que él obra durante toda la vida. Dios nos habla todo el tiempo. Creemos que si nos pasan cosas buenas, Dios nos ama, y si la vida parece difícil, es porque ha dejado de amarnos. Esto no es verdad. Toma la mano de Dios para caminar a través de la vida. Abre las puertas de par en par a fin de que el sol te inunde con su luz. ¡Dios obra! ¡Dios obra! ¡Dios obra! La gracia de Dios aparece para tapar los agujeros de nuestra vida. Ese es el evangelio. Esas son las buenas nuevas.

¿Deseas en verdad hallar el gozo? Entonces extiéndete. El gozo puro aprende a tomar la vida de día en día, de hora en hora. Vuélcate en los brazos de la misericordia de Dios. Pídele que te muestre su amor. Ábrele espacio para que pueda entrar. El regalo es tuyo. Pídele a Dios aquí y ahora mismo que te permita vislumbrar su amor.

Deja que Dios te ame, y aun antes de «sentir» el afecto, empieza a transitar el camino del agradecimiento.

SHEILA WALSH

*E*s tiempo de cosecha en Indiana. El ancho arado arranca los rastrojos de plantas de maíz y soja desde abajo, dejando la tierra como si fuera una alfombra de terciopelo negro. Las ardillas corren por el jardín, engullendo cuantas bellotas y nueces pueden meter entre sus mandíbulas, y luego se van a esconder el tesoro.

Esta es la temporada de terminar asuntos incompletos, ahorrar, guardar, cosechar y asegurarse de que se tiene almacenado todo lo que hará falta para pasar los tiempos difíciles.

¿Cómo se debe terminar una etapa del corazón? ¿Cómo es posible cosechar y almacenar la abundancia del espíritu y guardar los frutos que no se ven? La gratitud es la cosechadora. Ella ata los manojos dorados en montones, extrae los granos hinchados y los junta en fardos.

Gracias sean dadas a Dios por el tiempo de cosecha, un tiempo para terminar lo que se ha empezado, un tiempo para estar atenta, tomar nota y aprovechar la vida que se nos ha dado.

Dios prometió que si cosechamos bien con las herramientas del agradecimiento, obtendremos las semillas para plantar en la primavera.

GLORIA GAITHER

Promesas sobre una Actitud de Gratitud

Anímense unos a otros con salmos, himnos y canciones espirituales. Canten y alaben al Señor con el corazón, dando siempre gracias a Dios el Padre por todo, en el nombre de nuestro Señor Jesucristo.

Efesios 5:19,20

Reconozcan que el Señor es Dios; él nos hizo, y somos suyos. Somos su pueblo, ovejas de su prado. Entren por sus puertas con acción de gracias; vengan a sus atrios con himnos de alabanza; denle gracias, alaben su nombre.

Salmo 100:3,4

Todo lo que hagan, de palabra o de obra, háganlo en el nombre del Señor Jesús, dando gracias a Dios el Padre por medio de él.

Colosenses 3:17

El Gozo del Envejecimiento

El periodista televisivo Dan Rather una vez le pidió a un hombre de ciento seis años que explicara el secreto de una larga vida. El hombre se mecía sin parar en su silla antes de responder. Finalmente dijo: «No dejar de respirar».

Por supuesto, el envejecimiento produce ansiedad... ¡pero el humor como antídoto de esa ansiedad tiene resultados maravillosos! La risa aplaca insultos, suaviza músculos adoloridos, contraataca la humillación de lo que ocurre en el cuerpo y la mente.

La gerontóloga Ann E. Gerike dice que podemos desarrollar una nueva manera de pensar acerca de las limitaciones del envejecimiento. Luego de tratar toda la vida de ser una mujer «sobresaliente», por fin puede relajar los senos. Y todo ese sobrepeso por el medio (¿de allí proviene el término «edad mediana»?) es solo para envolver las líneas del cuerpo. Cuando lleguen los cumpleaños, no sientas que estás envejeciendo; más bien piensa que has alcanzado la edad metálica: ¡plata en el cabello, oro en la dentadura y plomo en el trasero!

BARBARA JOHNSON

Me siento acorralada dentro de un reloj que, a veces, me roba la paz. Si fuera por nosotros, algunos correrían y otros quedarían en la carrera. De una manera o de otra pasamos de largo junto al gozo o nunca lo alcanzamos. Debemos hacer las paces con el reloj para que no pasemos la vida chocando contra él.

Aquí hay algunas ideas. Las seguiré si tú lo haces también.

1. No llenes tanto el día que te impida disfrutar la travesía.
2. No planees de menos y te pierdas el gozo de un día fructífero.
3. No subestimes el valor de una siesta, una mecedora o un buen libro.
4. No te vuelvas perezosa.
5. Expresa gratitud por los momentos que te tocan vivir.
6. Celebra el paso del tiempo.

PATSY CLAIRMONT

Promesas sobre el Envejecimiento

Que la belleza de ustedes no sea la externa, que consiste en adornos tales como peinados ostentosos, joyas de oro y vestidos lujosos. Que su belleza sea más bien la incorruptible, la que procede de lo íntimo del corazón y consiste en un espíritu suave y apacible. Ésta sí que tiene mucho valor delante de Dios.

1 Pedro 3:3,4

Aun en la vejez, cuando ya peinen canas, yo seré el mismo, yo los sostendré. Yo los hice, y cuidaré de ustedes; los sostendré y los libraré.

Isaías 46:4

Las canas son una honrosa corona que se obtiene en el camino de la justicia.

Proverbios 16:31

Que hable la voz de la experiencia; que demuestren los ancianos su sabiduría.

Job 32:7

La Preocupación Mata el Gozo

«Querido Señor, me siento como una niña con su madre cuando digo: *¡Lo quiero ahora!* Gracias porque no siempre dejas de lado tus responsabilidades en el universo para correr a mi rescate. De esta manera, me has permitido sentir mi necesidad y ver mis limitaciones para poder entender que tú eres quien tarde o temprano me salvará. No quiero rechazar tu plan perfecto; quiero refugiarme en ti. Así tendré la energía para seguir hasta el fin. Amén».

PATSY CLAIRMONT

*L*os gérmenes me ponen nerviosa, así que no me agradan las cafeterías. Una vez me encontraba en una cafetería comiendo toda la comida con un cucharón que encontré en un lugar no muy visible para los demás.

—¿Hace cuánto tienes ese problema con los gérmenes? —preguntó Luci.

—Desde el sexto grado —respondí—. Nuestro maestro de ciencia nos hizo tocar una esponja con un tratamiento especial, la cual durante la noche desarrolló cultivos de bacterias y vimos horrorizados la formación de varias configuraciones coloridas. Nunca volví a ser la misma.

Luci levantó el tenedor y lo estudió por un momento. Luego, con un entusiasmo renovado, anunció:

—Si esos gérmenes no me han afectado hasta ahora, no creo que me hagan nada en el futuro.

Su respuesta me hizo ver que el temor de lo que no puedo ver y la posibilidad de ser dañada ahogan mi gozo. Por supuesto que uno debiera observar las normas básicas de higiene, pero si se lleva la aplicación al extremo, esto puede conducirte a buscar un cucharón escondido cuando hay tenedores por todos lados.

MARILYN MEBERG

Promesas sobre Ser Libres de la Preocupación

Encomienda al Señor tus afanes, y él te sostendrá; no permitirá que el justo caiga y quede abatido para siempre.

Salmo 55:22

Fíjense en las aves del cielo: no siembran ni cosechan ni almacenan en graneros; sin embargo, el Padre celestial las alimenta. ¿No valen ustedes mucho más que ellas? ¿Quién de ustedes, por mucho que se preocupe, puede añadir una sola hora al curso de su vida? ¿Y por qué se preocupan por la ropa? Observen cómo crecen los lirios del campo. No trabajan ni hilan; sin embargo, les digo que ni siquiera Salomón, con todo su esplendor, se vestía como uno de ellos. Si así viste Dios a la hierba que hoy está en el campo y mañana es arrojada al horno, ¿no hará mucho más por ustedes, gente de poca fe? Así que no se preocupen diciendo: «¿Qué comeremos?» o «¿Qué beberemos?» o «¿Con qué nos vestiremos?» ... Más bien, busquen primeramente el reino de Dios y su justicia, y todas estas cosas les serán añadidas. Por lo tanto, no se angustien por el mañana, el cual tendrá sus propios afanes.

Mateo 6:26-34

Un Descanso de Nuestras Tareas

Mmmm... Qué bueno alejarse de las preocupaciones cotidianas. Una soledad auténtica. Un tiempo para meditar, leer, escribir y orar.

Dios se ha manifestado en amaneceres asombrosos o en espectáculos de delfines danzarines. «Juntos ahora, arriba y afuera del agua. Sonríe y zambúllete», dice el delfín. «Debajo del barco y afuera. Más alto esta vez. ¡Nos aman!»

Hoy vimos un arco iris, un arco iris completo. Casi vamos a buscar la olla de oro. Sin embargo, ¿qué haríamos con una olla llena de oro? ¿Y quién creería nuestra historia?

Esta noche cantamos canciones y recitamos poesías graciosas, incluso una de navegación conjunta con el capitán de nuestro barco. Hicimos muchas tonterías.

Y pensar que por poco no venimos. «Estamos muy ocupados», dijimos. ¿Ocupados haciendo qué? No me acuerdo.

Sue Buchanan

Siendo una niña criada en comunidades rurales con muy pocas bibliotecas, me deleitaba cuando el libromóvil venía a mi región en semanas alternas. Con mis libros atados en la canasta de atrás de mi bicicleta, pedaleaba casi dos kilómetros hasta llegar a donde estaba estacionado el libromóvil. Alegremente nutrida de nuevas selecciones literarias, volvía a toda velocidad para trepar la escalera e instalarme en mi casita en el árbol.

¿Cuándo fue la última vez que tomaste un momento para disfrutar de una lectura muy placentera? ¿Por qué no lo haces más seguido? ¿Qué te impulsa a ser incesantemente productiva?

Tal vez algunas de ustedes, como yo, se pierden el deleite de tener actividades recreativas sin otro propósito que darnos un descanso de las tareas cotidianas. ¿No sería divertido que de vez en cuando no produjéramos nada, no tuviéramos ningún logro y no contribuyéramos a ninguna causa? Tal vez eso signifique leer un libro que no requiere una pluma; o tomar una taza de algo en un café, salir a pasear por el centro comercial o caminar (no correr) por el parque. Las posibilidades de no hacer nada son interminables.

MARILYN MEBERG

Promesas sobre el Descanso de Nuestras Tareas

Vengan a mí todos ustedes que están cansados y agobiados, y yo les daré descanso. Carguen con mi yugo y aprendan de mí, pues yo soy apacible y humilde de corazón, y encontrarán descanso para su alma.

Mateo 11:28,29

¡Ya puedes, alma mía, estar tranquila, que el Señor ha sido bueno contigo!

Salmo 116:7

Por consiguiente, queda todavía un reposo especial para el pueblo de Dios; porque el que entra en el reposo de Dios descansa también de sus obras, así como Dios descansó de las suyas. Esforcémonos, pues, por entrar en ese reposo.

Hebreos 4:9-11

Detente, Mira y Huele

A la hora de acostarse, dos niños se divertían con un juego llamado «Dios es...» Ellos tomaban turnos para terminar la oración con descripciones positivas de Dios. Finalmente, Missy, de seis años, dijo:

—Dios siempre tiene buen olor.

—¡Qué tontería! —respondió su hermano mayor.

Sin embargo, Missy insistió.

—A veces tiene olor a la flor del naranjo, otras huele a manzanas. Esta noche huele a fresas.

Tal vez ella disfrutaba el olor del baño de espuma de fresas que aún estaba húmedo en su piel. No obstante, quizás Missy pueda darle nueva luz a una metáfora espiritual. En 2 Corintios 2:15, Pablo dice que los creyentes son el «aroma de Cristo».

Dios quiere utilizarte para esparcir el aroma de Cristo. ¿Puedes gozarte con esta metáfora? ¿Puedes inhalar de un modo más intenso para disfrutar tú misma de la fragancia?

Detente, no corras más. Disfruta los ricos aromas de la vida, los que Dios ofrece en la naturaleza, los que Dios da a través de la bondad humana. Detente, disfruta las vistas, los sabores y los olores de los buenos dones de Dios.

SHEILA WALSH

*E*s frecuente que en medio de las pequeñeces de la vida, los momentos ordinarios se vuelvan extraordinarios, reconozca la presencia divina y pueda sentir su bondad y ternura.

El bebé de mi amiga Allyson parece tener un gozo interno que viene directo del cielo. Un día, cuando Allyson y yo hacíamos unos mandados, me dejó en el carro con Logan. Cada vez que me daba la vuelta para mirarlo, se reía con tanto ímpetu que me preguntaba si se iba a quedar sin respiración. Cualquier tristeza que tuviera ese día, Logan la borró con su risa.

Una vez, cuando caminaba apurada en un aeropuerto para llegar a la puerta de embarque del avión, me topé con una mujer en una silla de ruedas. En medio del caos causado por cientos de personas pasando apresuradamente por allí, ambas nos miramos a los ojos. La sonrisa más dulce apareció en su rostro. Yo le devolví el gesto sabiendo que ella nunca llegaría a entender por completo cómo su amabilidad había llenado mi alma.

Yo creo que Dios está presente en nuestro diario vivir. Muchos momentos se dan en nuestras vidas que revelan su rostro, su toque, su voz. Búscalo hoy. Lo encontrarás.

KATHY TROCCOLI

Promesas sobre Detenerse y Mirar

Este es el día en que el Señor actuó; regocijémonos y alegrémonos en él.

> Salmo 118:24

Prueben y vean que el Señor es bueno; dichosos los que en él se refugian.

> Salmo 34:8

Una mirada radiante alegra el corazón, y las buenas noticias renuevan las fuerzas.

> Proverbios 15:30

Grata es la luz, y qué bueno que los ojos disfruten del sol.

> Eclesiastés 11:7

Porque para Dios nosotros somos el aroma de Cristo entre los que se salvan y entre los que se pierden.

> 2 Corintios 2:15

Un Jardín Hermoso

La fiebre de la jardinería nos ha invadido. Pareciera que todos son jardineros, aun cuando viven en un apartamento en una gran ciudad. A pesar de que ni por un millón de dólares arrancarían las malezas. Aunque no conozcan la diferencia entre una pala y un rastrillo. Aunque detesten las verduras y los insectos, sean alérgicos a las abejas o sufran de alergias en la primavera. De repente, todos se han vuelto maniáticos de la jardinería.

Pues bien, hay algunas plantas que todo el mundo puede sembrar: plegarias, paciencia, paz y pasión. Sin embargo, no basta con amar las flores. Un jardinero también debe aborrecer las malezas. Al brotar las plantas buenas, es necesario eliminar las más amargas, como el pánico, la paranoia y la pasividad. De paso, se debe aplastar la prepotencia. Y, por favor, no olvidemos cultivar siempre el amor mutuo.

Comienza a cuidar ahora mismo tu parcela de amor. Solo hacen falta unas pequeñas semillas del tamaño de los granos de arena. La flor de una buena obra se marchita con el tiempo, pero la fragancia que perdura es el gozo que recibes al hacerlo.

BARBARA JOHNSON

$\mathcal{C}$ierto día de otoño conducía mi automóvil por una conocida ruta en Nashville cuando casi me salí del camino debido a la intensidad de la belleza que me rodeaba. Pareciera que Dios había enviado la noche anterior a un equipo de los mejores artistas del mundo y yo tenía el privilegio de estar allí el día de estreno del espectáculo.

Era una obra de arte admirable. Cada árbol había cambiado a distintos grados de dorado y rojo intensos, a amarillos besados por el sol y anaranjados hermosos. Las hojas danzaban por el aire y barrían mi parabrisas.

¡Observa los colores de tu mundo! Mira alrededor de tu propio hogar. ¿Cómo podrías agregar un toque de belleza? Cada una de nosotras puede hacer algo pequeño que agregue belleza al lugar de trabajo, la cocina o la habitación. Archiva los papeles desordenados encima de tu escritorio. Cambia la funda de una almohada. Cambia los muebles de lugar. Enciende una vela en la mesa.

Tal vez ha llegado la hora de un nuevo peinado o maquillaje. Abre los ojos. Ponle brillo a tu mundo.

SHEILA WALSH

Promesas sobre la Hermosura

Dios hizo todo hermoso en su momento.

Eclesiastés 3:11

Engañoso es el encanto y pasajera la belleza; la mujer que teme al Señor es digna de alabanza.

Proverbios 31:30

Que la belleza de ustedes no sea la externa, que consiste en adornos tales como peinados ostentosos, joyas de oro y vestidos lujosos. Que su belleza sea más bien la incorruptible, la que procede de lo íntimo del corazón y consiste en un espíritu suave y apacible. Ésta sí que tiene mucho valor delante de Dios. Así se adornaban en tiempos antiguos las santas mujeres que esperaban en Dios.

1 Pedro 3:3-5

Disfruta la Vida

Dios puede usarte aunque vivas entre el estrógeno y la muerte. ¡Envejezcan, niñas, lo mejor aún no ha llegado! Recuerda que cada día es como una maleta, todas las personas reciben una del mismo tamaño, pero algunas aprenden a empacar más cosas en la suya.

La vida es breve. Cada año pasa más rápido que el anterior. Es fácil negarse a muchos de los placeres simples de la vida en favor de lo práctico. Sin embargo, olvida lo práctico y conviértete en una coleccionista de gozo, siempre a la caza de regalos sin ataduras. Dios los coloca en tu camino. Sus regalos vienen rotulados con esta nota: «La vida puede ser maravillosa. ¡Esfuérzate por no perderla!» Disfrútala antes de que desaparezca.

Durante los próximos años, Dios desparramará bendiciones sorpresivas en tu camino. No seas como esa mujer que se describió a sí misma como pasiva y aburrida, «un melón blando que vive en el marco de la edad mediana». Sé disparatada y divertida. Disfruta las pequeñeces, porque un día mirarás para atrás y verás que fueron grandes momentos.

BARBARA JOHNSON

*C*omo viajo casi todos los fines de semana, el lunes es el día del desempaque. Siempre es un lío, con cosas desparramadas y valijas por todos lados.

¡Y luego, a lavar! Hay montones de ropa para lavar. ¡Las pilas se multiplican! Tengo la teoría de que, después que el Señor venga y el tiempo ya no exista, en algún lugar, en algún rincón del mundo, habrá ropa sucia esperando.

Los lunes debo hacer varias paradas: en la tienda de comestibles, la tintorería, el banco, el correo, la estación de servicio y la peluquería. Los lunes me molestan.

Sin embargo, por otro lado, me encantan los lunes. Me agrada desempacar todas mis cosas y empezar a poner todo en su lugar. Me encanta sacar la ropa limpia de la secadora y doblarla cuando todavía está tibia.

Los lunes por la noche tengo un gozo genuino, me siento satisfecha. ¿Cuál es la diferencia? ¿Por qué en ciertos momentos me abruman las tareas y el día me fastidia? ¿Y por qué en otras ocasiones me lleno de entusiasmo y quedo enamorada del día? ¡Perspectiva! La perspectiva lo cambia todo. Los días más ocupados pueden volverse los de mayor gozo.

Luci Swindoll

Promesas sobre el Disfrute de la Vida

Todo estaba ya escrito en tu libro; todos mis días se estaban diseñando, aunque no existía uno solo de ellos.

Salmo 139:16

Es él quien me arma de valor y endereza mi camino; da a mis pies la ligereza del venado, y me mantiene firme en las alturas.

Salmo 18:32,33

¡Anda, come tu pan con alegría! ¡Bebe tu vino con buen ánimo, que Dios ya se ha agradado de tus obras!

Eclesiastés 9:7

Es un don de Dios que el hombre coma o beba, y disfrute de todos sus afanes.

Eclesiastés 3:13

El Gozo de Seguir la Dirección de Dios

Mi experiencia con la dirección del Espíritu Santo me indica que cuando él te dirige, sientes una paz indescriptible en tu cuerpo, mente y espíritu, imposible de explicar a alguien que no la ha sentido. El Espíritu de Dios nunca nos guía a hacer algo contrario a las Escrituras, de modo que tenemos un manual de orientación que también nos ayuda.

Es probable que hayas dicho en alguna ocasión: «Sentía en mi corazón que tal o cual cosa era así...» Estos, posiblemente, son momentos en los que el Espíritu de Dios te estaba orientando.

Debo estar atenta al Espíritu Santo. He notado que es el mejor organizador, administrador del tiempo, gerente y coordinador.

¿Cómo responderás cuando creas que el Espíritu Santo te está guiando a llevar a cabo cierta acción? Te sugeriría que pidas claridad. Espera la respuesta. No puedo explicar cómo sabrás si la respuesta ha llegado, pero puedo decirte que tendrás una paz en la mente, el cuerpo y el alma que es imposible describir. Escucha a tu corazón.

THELMA WELLS

*T*ener visión es cuando puedes ver algo que los demás no ven. Tener fe es cuando haces algo que los demás no hacen. Con visión y fe se puede hacer de todo.

Uno de los derivados mayores de creer en algo y lanzarse a alcanzarlo es el gozo. He dicho a menudo: «Para mí, lo mejor en la vida es hacer algo nuevo al mismo tiempo que uno la pasa bien». Esa es la esencia del gozo.

Puede que tengas una idea de algo que quieres hacer, pero sientes miedo. Nunca has hecho algo así. Tal vez no logras deshacerte de la idea, pero estás fuera de tu zona de comodidad y no te sientes competente para llevar a cabo la tarea. Comienza a orar: «Señor, si este deseo proviene de ti, ¿te encargarás de llevarlo a cabo? Ayúdame a saber cuándo comenzar».

Luego empieza a actuar. Aquí es cuando se usa la fe. Trabaja fuerte. Haz aquello que tiene sentido para ti. Pídele al Señor que hable con quien pueda ayudarte. Conversa con ellos.

¿Qué deseas hacer? Puedes lograrlo.

LUCI SWINDOLL

Promesas sobre la Dirección de Dios

Por tu gran amor guías al pueblo que has rescatado; por tu fuerza los llevas a tu santa morada.

> Éxodo 15:13

Enséñame a hacer tu voluntad, porque tú eres mi Dios. Que tu buen Espíritu me guíe por un terreno sin obstáculos.

> Salmo 143:10

Dime qué quieres que haga. Así sabré que en verdad cuento con tu favor.

> Éxodo 33:13

Bueno y justo es el Señor; por eso les muestra a los pecadores el camino. Él dirige en la justicia a los humildes, y les enseña su camino.

> Salmo 25:8,9

Recordar y Ser Recordado

En el centro de mensajes del aeropuerto internacional de Denver cada uno de los treinta y seis operadores puede contestar doscientas sesenta llamadas diarias. Luego, envían los mensajes a algunos de los noventa mil pasajeros y otros que pasan por los espigones de embarque en el transcurso de un día.

A veces los mensajes son desesperados, como en el caso de una hija que ayudó a su padre a llevar las maletas para su viaje a Bangkok hasta la mesa de embarque y más tarde, al regresar al estacionamiento, se dio cuenta de que tenía un problema grandísimo. En tales ocasiones, el centro de mensajes del aeropuerto pudiera trasmitir un mensaje así: «¡No se suba al avión! Usted tiene en su bolsillo el único juego de llaves para el carro de Sarah».

Cuando leí acerca de estos mensajes, me reí, pero luego pensé en lo afortunados que somos, pues si debemos enviarle un mensaje urgente a nuestro Padre celestial, no necesitamos canalizar nuestra solicitud a través de un centro de mensajes. Isaías 58:9 dice: «Llamarás, y el Señor responderá».

Barbara Johnson

Los recuerdos son importantes para Dios. Él nos anima a crear memorias. En Josué 3 y 4, vemos que los israelitas cruzaron el arca del pacto por las aguas crecidas del Jordán. Luego de dividirse las aguas para que los israelitas pudieran cruzar, Dios mandó a cada uno de los líderes de las doce tribus a que tomaran una piedra del río y la colocaran donde los sacerdotes se detuvieron al llegar a la otra orilla. «Para nosotros los israelitas, estas piedras que están aquí son un recuerdo permanente de aquella gran hazaña» (Josué 4:7). Y allí siguen hasta el día de hoy.

Se nos insta a recordar los tiempos de antaño, las maravillas de Dios, el sábado, las obras de Dios y nuestras luchas, a nuestro Creador, nuestra juventud, y que la vida es muy corta.

Si aún no has empezado a crear memorias, comienza ya. Coloca una película en tu cámara, llena de tinta la pluma, y empieza a captar los milagros y las maravillas que te ocurren en la vida.

Rodéate de cualquier cosa que te ayude a recordar. Dios es fiel. Nunca lo olvides.

LUCI SWINDOLL

Promesas sobre Recordar

Los ojos del Señor están sobre los justos, y sus oídos, atentos a sus oraciones.

Salmo 34:15

Antes que me llamen, yo les responderé; todavía estarán hablando cuando ya los habré escuchado.

Isaías 65:24

Ustedes me invocarán, y vendrán a suplicarme, y yo los escucharé. Me buscarán y me encontrarán, cuando me busquen de todo corazón.

Jeremías 29:12,13

¡Pero tengan cuidado! Presten atención y no olviden las cosas que han visto sus ojos, ni las aparten de su corazón mientras vivan.

Deuteronomio 4:9

El Gozo de la Gratitud

No sé tú, pero yo no quiero vivir en el pasado. Quiero encontrar un millón de cosas por las cuales estar agradecida hoy. ¡Una niñita se regocijó el Día de Acción de Gracias porque *no había* brécol en la mesa! He aprendido que cuando Dios incluye brécol en el menú, tiene en mente un objetivo mejor.

¿De qué estás agradecida en este mismo momento? Empieza hoy a dar gracias por las cosas menores: el agua potable, un momento de descanso, el color de una flor, el atardecer o un pájaro. Un trozo de pan. Una canción en la radio. Procura buscar efectos visuales, olores y sonidos que proporcionan placer. Anótalos.

Elijamos mostrar gratitud y alentémonos unas a otras para cultivar corazones agradecidos. Dios está agradecido por *tu* vida. Dio a su Hijo para rescatarte. Te invita a entrar al gozo de su salvación. Estas son tremendas razones para mostrar agradecimiento. ¿Algún otro motivo por el que dar gracias? El hecho de que estás aquí para ser agradecida.

Barbara Johnson

¡Seamos agradecidas! Debemos mostrar gratitud por la abundancia y la plenitud de cosas para comer y vestir, el techo, el abrigo, la belleza. Hay muchas cosas que el dinero no puede comprar, como la ternura, la inspiración, la revelación y la visión.

Demos gracias por la salud, la cual damos por sentada al punto de programar la vida, presumiendo que todo será siempre normal.

Demos gracias por la familia, una familia con personalidades, talentos, necesidades y sueños individuales, cada uno con un don, la cual alimenta lo que somos y llegaremos a ser.

Demos gracias por las amistades, aquellas que nos alientan, son vivaces, estimulantes, consoladoras, inquietantes, alentadoras, conmovedoras, amorosas, cálidas y perdonadoras.

Demos gracias también por la valentía de seguir confiando en la gente, arriesgando el amor, osando creer en lo que pudiera ser, todo por la experiencia diaria de confiar en Dios y hallarlo completamente confiable.

GLORIA GAITHER

Promesas sobre Ser Agradecidas

De la manera que recibieron a Cristo Jesús como Señor, vivan ahora en él, arraigados y edificados en él, confirmados en la fe como se les enseñó, y llenos de gratitud.

    Colosenses 2:6,7

Anímense unos a otros con salmos, himnos y canciones espirituales. Canten y alaben al Señor con el corazón, dando siempre gracias a Dios el Padre por todo.

    Efesios 5:19,20

Todo lo que hagan, de palabra o de obra, háganlo en el nombre del Señor Jesús, dando gracias a Dios el Padre por medio de él.

    Colosenses 3:17

Así que ofrezcamos continuamente a Dios, por medio de Jesucristo, un sacrificio de alabanza.

    Hebreos 13:15

Siete Destructores del Gozo

Como creyentes en Dios, existen lugares en los que no debiéramos, bajo ninguna circunstancia, incluso pensar en estacionarnos.

No te estaciones en las derrotas de la vida. ¿Dónde se hundió tu vida? ¡No te detengas allí! Sigue andando.

No te estaciones en la ira. Si albergas hostilidad, a la larga volverá como un bumerán.

No te estaciones en el escapismo. Nunca es bueno rendirse. No tires la toalla, sigue andando.

No te estaciones en el desánimo. El optimismo promueve tanto la sanidad física como la emocional.

No te estaciones en la preocupación. Considera bien todo lo justo, lo verdadero y lo amable (Filipenses 4:8). ¿Quién sabe las posibilidades que encontraremos a la vuelta de la esquina?

No te estaciones en la culpa. Sigue adelante, recibe a Jesús como Salvador, acepta su perdón y perdona libremente a los demás. Deja atrás al pasado. Empieza otra vez. Aprende todo lo que puedas de los errores, y con la ayuda de Dios da un giro de ciento ochenta grados.

BARBARA JOHNSON

Un saboteador del gozo es la variedad de maneras en que nos desilusionamos con nosotras mismas. Vivimos con remordimientos que nos arrastran a las profundidades, hundiéndonos a veces en los abismos de la desolación.

Muchas de nosotras que hemos sido cristianas por años no nos vemos como pecadoras de primer grado. Nos levantamos cada mañana con el deseo de servir a Dios, sin embargo, como dijo el apóstol Pablo, hacemos lo que no queremos. Erramos al blanco y luego nos sentimos compungidas.

Pienso en el apóstol Pablo, un cristiano, que admitía sus debilidades: «¡Soy un pobre miserable! ¿Quién me librará de este cuerpo mortal?» A esa pregunta le sigue una exclamación: «¡Gracias a Dios por medio de Jesucristo nuestro Señor!» (Romanos 7:24,25). Jesús es el único que puede rescatarme de mí misma.

Dios conoce el aborto secreto, la vida de fantasía personal y el odio que albergas en tu corazón. Solo cuando confesamos esas cosas a Dios, él puede llenar el vacío y evitar el quebrantamiento con su gozo.

SHEILA WALSH

Promesas sobre Vencer a los Destructores del Gozo

Por lo tanto, ya no hay ninguna condenación para los que están unidos a Cristo Jesús.

Romanos 8:1

Por tanto, digo: «El Señor es todo lo que tengo. ¡En él esperaré!» Bueno es el Señor con quienes en él confían, con todos los que lo buscan. Bueno es esperar calladamente a que el Señor venga a salvarnos.

Lamentaciones 3:24-26

No se preocupen por su vida, qué comerán o beberán; ni por su cuerpo, cómo se vestirán. ¿No tiene la vida más valor que la comida, y el cuerpo más que la ropa?

Mateo 6:25

Con el poder del Espíritu Santo que vive en nosotros, cuida la preciosa enseñanza que se te ha confiado.

2 Timoteo 1:14

El Gozo de las Relaciones Santas

Solía tener dificultad para desarrollar una amistad profunda con otras mujeres. Sentía una gran necesidad de ser aprobada y aceptada, pero no revelaba mi verdadera personalidad por miedo a no alcanzar las expectativas. Mientras más me escondía tras la fachada de temor, mayor era mi necesidad de aprobación y menor la posibilidad de recibirla. Al esconderme tras esa fachada me daba cuenta de cuánto le costaría a alguien sortearla para encontrar mi verdadero yo, asustado e inseguro.

Finalmente, entendí que no tenía la capacidad de crear o mantener relaciones. Por fortuna, en ese mismo momento, comprendí que Cristo cubre todas nuestras necesidades. Su misericordia nos ayuda a ver a otros con misericordia, su amor nos ayuda a aceptarnos a nosotros mismos y a los demás. Partiendo de ese punto, podemos relajarnos, actuar con naturalidad y salir de nuestro escondite. Luego podemos conectarnos con otros que han descubierto el gozo de los que son imperfectos y torpes, pero valiosos en Jesús.

SHEILA WALSH

$\mathcal{A}$mar y ser amada (estar conectada, ser valorada, querida y estimada) es una necesidad que motiva la vida de todo ser humano en esta tierra. Sin embargo, ni el amor ni la amistad pueden manipularse o imponerse. No sirve elegir un candidato atractivo o seguir tu lista de las diez cosas que debes hacer para que exista amor. Entonces, ¿cómo se consiguen estas relaciones? ¿Hay algo que podamos hacer para desarrollar un lazo de compañerismo íntimo que produzca satisfacción y gozo?

Jesucristo creó un modelo de amor y amistad, señalando: «Así como el Padre me ha amado a mí, también yo los he amado a ustedes … Les he dicho esto para que tengan mi alegría y así su alegría sea completa». Es reconfortante oírle decir: «Los he llamado amigos». ¡Asombroso!

En vez de salir en búsqueda de amistades, debemos dedicarnos a ser amigas según el modelo de Cristo, entendiendo las necesidades de los demás, entregándonos y sacrificándonos por otros. Jesús murió por hacerlo. ¡Las recompensas son infinitas y están llenas de gozo!

JOY MACKENZIE

Promesas sobre las Relaciones Santas

Pero si vivimos en la luz, así como él está en la luz, tenemos comunión unos con otros, y la sangre de su Hijo Jesucristo nos limpia de todo pecado.

> 1 Juan 1:7

Nadie tiene amor más grande que el dar la vida por sus amigos. Ustedes son mis amigos si hacen lo que yo les mando.

> Juan 15:13,14

Los he llamado amigos, porque todo lo que a mi Padre le oí decir se lo he dado a conocer a ustedes.

> Juan 15:15

Después de haber orado Job por sus amigos, el Señor lo hizo prosperar de nuevo y le dio dos veces más de lo que antes tenía.

> Job 42:10

El Gozo de Recibir Consejo

Dios nos advierte del peligro. Lo escuchamos y tenemos cuidado, pero luego nos empantanamos. Aun cuando vemos las señales de alerta, creemos que somos muy listas y no correremos riesgos. No escuchamos ni prestamos atención. Entonces caemos y fallamos.

Ya sea que estés escalando montañas o creas que tienes todo lo que consideras importante bajo control, sería muy importante buscar al Señor. Mantente humilde, entendiendo que tu pie puede resbalar en cualquier momento, o pudieras sentir que las cosas que son importantes se te escapan de las manos sin previo aviso. ¡Vamos rumbo a la gloria, pero no hemos llegado todavía!

THELMA WELLS

*E*staba invitada a dar un paseo a caballo. Mi esposo, Les, creía que no debía aceptar la invitación. Les no estaba tan preocupado por los caminos como por la posibilidad de que mi parte trasera se despedazara en el sendero.

Las advertencias de mi esposo resonaron en mis oídos al salir. El único desafío que debía enfrentar eran mis estribos. Resultaban un poquito largos para mis piernas cortas. Me sentía como una bailarina de puntillas, estirándome para alcanzar los estribos.

Como a los seis minutos del paseo, los músculos de mis piernas empezaron a gritar: «¿Te has vuelto loca?» Por fin, teniendo las piernas estiradas más allá de la posición natural y con un tremendo nudo en la espalda, abogué por mi causa. Se apiadaron de mí y volvimos al establo. Al desmontarme, mis piernas se balanceaban mientras me dirigía a un banco. Durante tres días me dolió la espalda como si el animal hubiera cabalgado encima de mí.

¿Te cuesta aceptar un buen consejo? ¿Vivir dentro de tus limitaciones? ¿Admitir tus errores? Entonces, no te sorprenda si llevar a tu caballo te produce dolor de espalda.

PATSY CLAIRMONT

Promesas sobre Recibir Consejo

Al necio le parece bien lo que emprende, pero el sabio atiende al consejo.

Proverbios 12:15

Escuche esto el sabio, y aumente su saber; reciba dirección el entendido.

Proverbios 1:5

Si haces tuyas mis palabras y atesoras mis mandamientos; si tu oído inclinas hacia la sabiduría y de corazón te entregas a la inteligencia; si llamas a la inteligencia y pides discernimiento; si la buscas como a la plata, como a un tesoro escondido, entonces comprenderás el temor del Señor y hallarás el conocimiento de Dios. Porque el Señor da la sabiduría; conocimiento y ciencia brotan de sus labios.

Proverbios 2:1-6

Considera la Actitud de tu Corazón

Las mujeres siempre han tenido que arreglárselas con lo que la vida les dio y crear un universo ordenado en medio del caos y el estrés. Las mujeres siempre han podido hacer algo de la nada, estirando la cena, convirtiendo las ropas usadas en algo nuevo, sonriendo y dando cariño a pesar de la inclinación natural al llanto y la fatiga, siendo madres para el mundo. No obstante, mientras sus manos realizaban la tarea, sus mentes corrían. Asimilando, analizando, filosofando.

Mucho del pensamiento de los hombres se aplica directamente a su trabajo. Piensan en función de producción, ingreso, producto. Sin embargo, mucho de lo que ocupa la mente de las mujeres no crea un producto tangible; ellas más bien consideran el significado y la calidad de la vida. Esta ocupación no produce productos de consumo, sino grandes almas que preguntan *por qué* en vez de decir solamente *qué* o *cómo*. Las mujeres, al fin y al cabo, se ocupan de la industria del corazón.

GLORIA GAITHER

*M*e encanta la nostalgia, pero es difícil ser nostálgica cuando no puedo recordar nada de lo que pasó. Al menos la pérdida de la memoria me ayuda a desechar el pesar y la culpa. Sigo avanzando, pronosticando a dónde voy, receptiva a las respuestas actuales a los problemas de hoy.

Algunas personas se detienen para rememorar y luego se quedan varadas. Hoy quizás voy un poco más lento, pero sigo avanzando. Me sigo esforzando, tal como me enseñó mi maestra de primer grado. Y si en el primer intento tengo éxito, trato de no parecer sorprendida.

¿Cómo utilizará el Señor tu vida este año? ¿Este mes? ¿Este día? ¿Hay algo que puedas hacer para mejorar la vida de otro? ¿Puedes darle calidez al hogar de algún anciano? ¿Ser más tolerante para que un joven adolescente pueda entender tu amor? ¿Invitar a un niño de siete años a tomar limonada? Las posibilidades no tienen fin. Dios espera que usemos el cerebro y descubramos cómo ser determinantes. Averigua dónde está obrando y únete a su cuadrilla.

BARBARA JOHNSON

Promesas sobre la Actitud de tu Corazón

Que el Dios de la esperanza los llene de toda alegría y paz a ustedes que creen en él, para que rebosen de esperanza por el poder del Espíritu Santo.

Romanos 15:13

El que encuentre su vida, la perderá, y el que la pierda por mi causa, la encontrará.

Mateo 10:39

Ya que han resucitado con Cristo, busquen las cosas de arriba, donde está Cristo sentado a la derecha de Dios.

Colosenses 3:1

Los que confían en el Señor renovarán sus fuerzas; volarán como las águilas: correrán y no se fatigarán, caminarán y no se cansarán.

Isaías 40:31

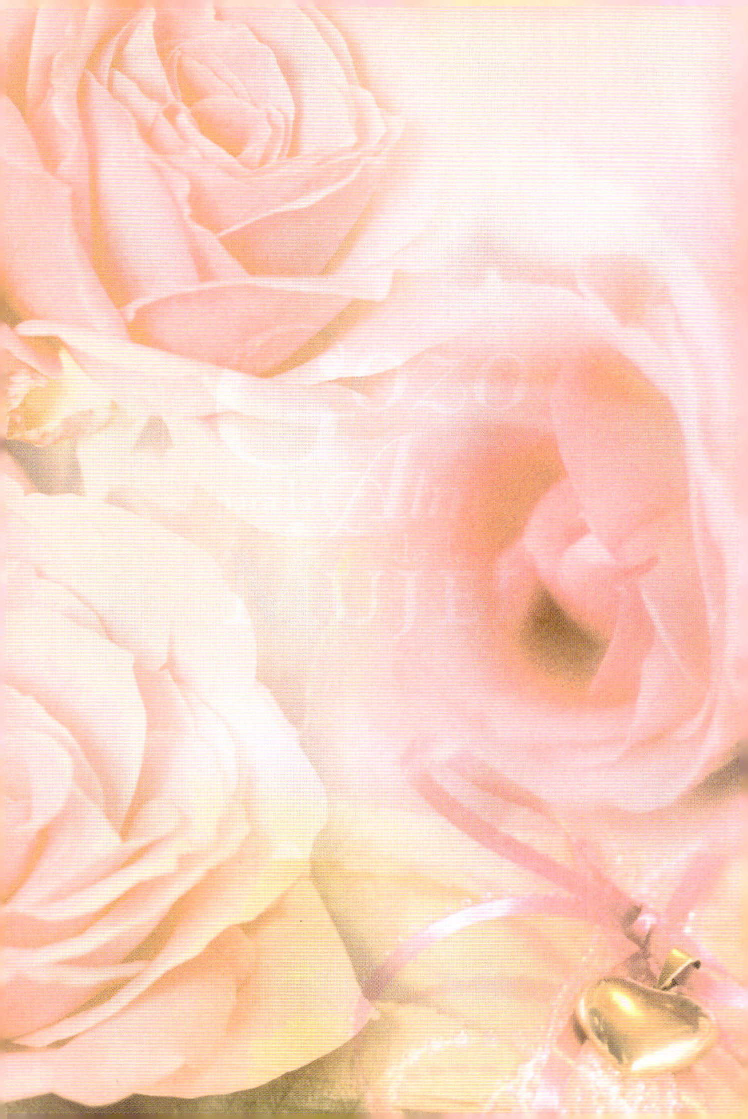

CUARTA PARTE

Esparce el Gozo

El Gozo de una Palabra de Aliento

A veces, el mismo deseo de acción conduce a una cierta dejadez. Estamos tan dedicadas a la búsqueda de la ocasión ideal, el método más eficaz, el momento especial, que no solo quedamos descalificadas para la misión y perdemos el gozo, sino que dejamos desatendida una necesidad urgente.

A menudo he sentido el llamado de una voz interna, diciéndome que llame a un amigo en necesidad. De modo invariable, aplaco esa sensación mirando mi reloj para ver si es una hora apropiada, o vuelvo a ordenar mis prioridades para disponer de un momento mejor.

Cuando mi amiga simplemente necesitaba oír mi voz de aliento, no la pude ayudar, estaba muy ocupada reorganizándole la agenda a Dios. ¿Y tú?

JOY MACKENZIE

*U*na mujer fue a ver al doctor para obtener los resultados de unos análisis.

—Tengo buenas y malas noticias. ¿Cuáles quiere oír primero? —dijo el doctor.

—¡Las buenas noticias! —respondió ella.

—Le quedan veinticuatro horas de vida —declaró el doctor.

—Dios mío —exclamó la mujer—, si esas son las buenas noticias, ¿cuáles son las malas?

—Las malas noticias son que se lo debí haber dicho ayer —contestó el doctor.

No dejes que la velocidad de la vida te haga perder el control. Planea tu vida. Saca tiempo de tu agenda y haz algo hoy que tenga valor eterno.

Comprométete a ser una forjadora de esperanza a toda costa. La esperanza busca el bien en la gente, abre las puertas para otros, descubre lo que se puede hacer para ayudar, prende una llama, no se deja llevar por el cinismo. La esperanza les da libertad a las personas. Sé agradecida por la esperanza que te ha sido dada y busca métodos creativos de comunicarla a alguien más.

BARBARA JOHNSON

Promesas sobre las Palabras de Aliento

¡Qué hermosos son, sobre los montes, los pies del que trae buenas nuevas!

> Isaías 52:7

Como naranjas de oro con incrustaciones de plata son las palabras dichas a tiempo.

> Proverbios 25:11

Como el agua fresca a la garganta reseca son las buenas noticias desde lejanas tierras.

> Proverbios 25:25

El Espíritu del Señor omnipotente está sobre mí, por cuanto me ha ungido para anunciar buenas nuevas a los pobres. Me ha enviado a sanar los corazones heridos, a proclamar liberación a los cautivos y libertad a los prisioneros.

> Isaías 61:1

El Gozo de Testificar

Dios atrae a las personas hacia sí mismo. Cada uno de nosotros es su voz en la tierra. Ya sea que sepas qué decir o no puedas pensar en algo que parezca adecuado, lo único que podemos hacer es abrir la boca y confiar en que Dios nos usará. Esto no significa que no debiéramos estar preparados para explicar la razón de nuestra fe, pero nos quita la presión de encima. Somos los instrumentos, pero Dios es el único que puede hacer música a través de nosotros.

¿Trataste últimamente de explicarle un principio espiritual a alguien y sonaste desagradable? ¿Te has sentido limitada para explicar algo que te parece obvio? Recordar quién es Dios y quién eres tú puede brindarte consuelo cuando has tenido un traspié. Es posible que hasta te dé el empuje necesario para tratar de aumentar tu conocimiento de modo que puedas opinar con más elocuencia la próxima vez.

THELMA WELLS

$\mathcal{S}$i queremos brindar esperanza y gozo, si queremos que la gente conozca a nuestro Señor y Salvador Jesucristo, dejemos de aparentar lo que no somos. Lo único que nos diferencia de los no creyentes es que hemos recibido el perdón. Nuestros problemas no son menos trágicos. Nuestras vidas no tienen complicaciones menores. Nuestras cargas no pesan menos. Para todos, la vida es casi siempre una lucha por mantener el peso bajo y el ánimo en alto. La diferencia para los cristianos es que tenemos a Alguien que nos acompaña en el camino.

En tu deseo de comunicar el evangelio, debes entender que tú puedes ser el único Jesús que algunos lleguen a conocer. Sé auténtica y pasa tiempo con la gente. Pueden estar más cerca del cielo de lo que crees. ¡Una buena guía es mantener el corazón más tierno que tu cabeza!

La gracia de Dios brilla con mayor intensidad en los lugares más oscuros. Allí es donde otros lo empiezan a conocer. Nuestras cicatrices muestran a quién le pertenecemos.

Pídele al Espíritu Santo que te ayude a ser genuina en todas tus relaciones. Permítele a Dios responder a las preguntas del mundo a través de tu vida.

Barbara Johnson

Promesas sobre Testificar

Jesús se acercó entonces a ellos y les dijo: «Se me ha dado toda autoridad en el cielo y en la tierra. Por tanto, vayan y hagan discípulos de todas las naciones, bautizándolos en el nombre del Padre y del Hijo y del Espíritu Santo, enseñándoles a obedecer todo lo que les he mandado a ustedes. Y les aseguro que estaré con ustedes siempre, hasta el fin del mundo».

Mateo 28:18-20

Pero cuando venga el Espíritu Santo sobre ustedes, recibirán poder y serán mis testigos tanto en Jerusalén como en toda Judea y Samaria, y hasta los confines de la tierra.

Hechos 1:8

Y todos los confines de la tierra verán la salvación de nuestro Dios.

Isaías 52:10

El Profundo Llamado de la Amistad

Uno de los llamados más profundos de la amistad es el de llorar con los que lloran. Escribo esto en otoño y puedo ver desde mi ventana cómo caen las hojas de mi árbol favorito. Asimismo, hay temporadas de nuestra vida cuando sopla el viento gélido y nos sentimos frágiles y desabrigadas. En estos tiempos, nos envolvemos unas a otras con una frazada de amor y amistad hasta que empiezan a aparecer los brotes otra vez.

La verdadera amistad crece cuando nos disponemos a ser compañeras en los tiempos malos y buenos. Si podemos caminar a través de un campo con algunas espinas entre la hierba y alcanzar el otro lado, nuestras amistades serán más fuertes y nuestro gozo será real. Fuimos creadas para relacionarnos, pero es Cristo el que nos llena. Nuestras necesidades más profundas de intimidad solo serán satisfechas por el amigo que es más fiel que un hermano (Proverbios 18:24). Aquel que sin dudas soportó nuestros dolores. Aquel que nos conoce desde antes de que naciéramos.

SHEILA WALSH

Tengo algunos pocos amigos cercanos. No me refiero a las relaciones ocasionales, sino a las personas que me conocen al derecho y al revés; aquellas con las que pudiera canjear ropa interior, a quienes les confiaría mis secretos más oscuros, mi porcelana china o mi sueño más disparatado. Para estar con estas personas, no necesito usar maquillaje ni ordenar la casa.

¡Solo las amigas de bajo mantenimiento pueden figurar en esta corta lista! Con ellas, puedo terminar una conversación telefónica sin tener que explicar, o NO invitarlas a una fiesta sabiendo que entienden que debo tener un buen motivo. Nunca demandan más de lo que puedo dar, y están dispuestas a dejar que me sacrifique por ellas cuando tienen necesidad. El dar y recibir es algo que trae gozo y autenticidad. (Conozco a muchas personas que son dadoras generosas, pero se valen tanto de sí mismas que preferirían morir antes que dejar que un amigo les devuelva un favor. ¡Un buen amigo también tiene gracia para recibir!)

¿Quiénes son tus amigas cercanas? ¿Últimamente les has dicho cuánto las aprecias?

JOY MACKENZIE

Promesas sobre la Amistad

Alégrense con los que están alegres; lloren con los que lloran.

> Romanos 12:15

Sus vecinos y parientes se enteraron de que el Señor le había mostrado gran misericordia, y compartieron su alegría.

> Lucas 1:58

Supongamos que una mujer tiene diez monedas de plata y pierde una. ¿No enciende una lámpara, barre la casa y busca con cuidado hasta encontrarla? Y cuando la encuentra, reúne a sus amigas y vecinas, y les dice: «Alégrense conmigo; ya encontré la moneda que se me había perdido».

> Lucas 15:8,9

Alégrense y compartan su alegría conmigo.

> Filipenses 2:18

El Gozo de una Buena Actitud

El nombre del conductor de la gira para aquella primavera era «Shooter». Resultó ser un hombre amable, alegre y muy modesto.

Un día, cuando estaba en suma necesidad de artículos de tocador, me encontraba esperando un taxi a la entrada del hotel para ir a la farmacia más cercana. Y ocurrió que Shooter también estaba allí.

«Kathy, te levantas a la mañana con buena actitud, eso sí que me gusta», me dijo de repente.

Nada que ver, pensé. Aunque de todas formas le agradecí el comentario.

«Así es como veo las cosas», me dijo. «El sol sale todas las mañanas, y estoy agradecido de estar con vida. ¿Y sabes qué? Si el sol no llegara a salir, todos podríamos usar una linterna».

Las palabras de Shooter calaron hondo en mí ese día. Soy una creyente en Jesús y sus promesas. Si el sol no brilla, tengo una linterna: Su Palabra es una lámpara a mis pies y me guía a cada paso. El dulce resplandor de su presencia ilumina mi oscuridad.

KATHY TROCCOLI

*E*xperimentamos el reino de Dios en nosotros cuando apreciamos a los demás y encontramos maneras de transformar las situaciones desafortunadas. La risa es una de esas maneras, pues revuelve la sangre, expande el tórax, electriza los nervios y limpia las telarañas del cerebro. Si ríes mucho, cuando seas mayor tendrás las arrugas en los lugares justos.

Si llegas a vivir hasta los cien años, tu corazón habrá latido 3.681.619.200 veces, habiendo bombeado 27.323.260 galones de sangre con un peso superior a las cien toneladas. (Si al final llegas cansada, ya sabes por qué.) Debes decidir que cada latido sea de alegría.

Barbara Johnson

Promesas sobre la Buena Actitud

¡Hiciste bien, siervo bueno y fiel! En lo poco has sido fiel; te pondré a cargo de mucho más. ¡Ven a compartir la felicidad de tu Señor!

Mateo 25:21

El corazón alegre se refleja en el rostro, el corazón dolido deprime el espíritu.

Proverbios 15:13

Pues así como participamos abundantemente en los sufrimientos de Cristo, así también por medio de él tenemos abundante consuelo.

2 Corintios 1:5

Alégrense de tener parte en los sufrimientos de Cristo, para que también sea inmensa su alegría cuando se revele la gloria de Cristo.

1 Pedro 4:13

El Gozo de una Carta Cariñosa

Bill y yo viajamos cerca de treinta y nueve fines de semanas al año para ministrar, y a veces volvemos a casa los domingos tan cansados que no creemos tener las fuerzas para deshacer las maletas.

Sin embargo, en cuanto cruzamos la puerta de entrada, una de las primeras cosas que me llama la atención es la enorme pila de correo que nuestro vecino ha juntado y colocado sobre la mesa de la cocina.

Al leer las cartas de pie, mis baterías se llenan de gozo con rapidez, y muy pronto me encuentro yendo de aquí para allá con una sonrisa en el rostro y una canción en mi corazón.

Luego de las complicaciones de escribir otro libro o un viaje largo, a veces siento como que he dado todo lo que tengo para dar. No obstante, las cartas cariñosas me dan la fuerza que necesito. ¿A quién conoces que necesite hoy una palabra de aliento?

BARBARA JOHNSON

*R*ecuerdo el día en que vi una tarjeta de «Winnie the Pooh», aparecía en el frente con «Piglet» caminando de la mano. La conversación era la siguiente:

—¿Pooh? —preguntaba Piglet.

—Sí, Piglet.

—Ah, nada —decía Piglet—. Solo quería estar seguro de ti.

Me quedé parada un rato, sonreí y la volví a leer varias veces. Le he hecho esta pregunta a mis amigos cercanos muchas veces y de distintas maneras. Necesito saber, tener la certeza de que están cerca y me aman.

Siempre vale la pena anotar nuestros sentimientos y enviárselos a nuestros seres queridos. Es asombroso lo que a veces sucede. Las frías barreras se derriten, los días difíciles se vuelven fáciles y la amargura da lugar al perdón.

Ese dicho de que la vida es muy corta e imprevisible es totalmente cierto. Trato de no dejar que pase ni un día sin expresar lo que debo decir, incluso lo que debo repetir.

KATHY TROCCOLI

Promesas sobre las Cartas Cariñosas

¡Qué hermosos son, sobre los montes, los pies del que trae buenas nuevas; del que proclama la paz, del que anuncia buenas noticias, del que proclama la salvación, del que dice a Sión: «Tu Dios reina»!

Isaías 52:7

Como naranjas de oro con incrustaciones de plata son las palabras dichas a tiempo.

Proverbios 25:11

El Señor omnipotente me ha concedido tener una lengua instruida, para sostener con mi palabra al fatigado.

Isaías 50:4

Es muy grato dar la respuesta adecuada, y más grato aún cuando es oportuna.

Proverbios 15:23

¡Celebra el Gozo!

Toda buena vida posee una armonía entre el placer y el deber. Recibiremos llamados para hacer lo que preferiríamos no hacer. Sin embargo, debemos pesar nuestras decisiones teniendo en cuenta la mente, el espíritu y la Palabra de Dios. Por lo tanto, haz que cada año cuente. En vez de aferrarte, libérate. «Lanza tu pan sobre el agua» (Eclesiastés 11:1)... ¡y volverá convertido en un bizcocho!

¿Tienes el don de hacer reír a la gente? ¿Puedes escribir un cuento breve? ¿Sabes hacer un buen pan? ¿Escuchas a la gente? ¿Puedes lanzar una pelota de forma eficaz? ¿Puedes organizar algo con elegancia? ¿Sabes ganar dinero? ¿Eres buena vendedora? ¿Sabes correr carreras? Ubícate en la pista central. Pon tu energía al servicio de la vida y hazlo de todo corazón, para el Señor.

No te olvides de celebrar cualquier cosa que se te ocurra. Haz cosas que te ayuden a ver lo bueno de estar con vida. Cada día es digno de festejarse, no solo los momentos planeados. Las ocasiones especiales abundan. No trates siempre de ser práctica y conveniente. Dios nos dio licencia para expresar con desenfreno la alegría, la amistad y el gozo.

BARBARA JOHNSON

Los cristianos pareceríamos más redimidos si aprendiéramos a estar de fiesta, encontrando maneras de celebrar las victorias y logros de los otros, además de festejar los feriados y los días santos tradicionales (así como los no tradicionales).

Las familias pueden celebrar sus propios acontecimientos: aniversarios, Día de las Madres, Día de los Padres. ¡Celebra! Ya lo sé, hacer una fiesta, aunque sea informal, requiere un gran esfuerzo que va desde la organización hasta la limpieza. Sin embargo, creo que nuestra sociedad, incluso la iglesia, tiene hambre de relaciones significativas. Olvídate de la fiesta virtual a través de la Internet. Prepara una celebración verdadera, que incluya sonrisas, alegría y palomitas de maíz. Deja que la gente se reúna alrededor de la parrilla y cada uno ase su carne. Que hagan sus propias pizzas o decoren sus dulces de Navidad.

¿Por qué no compartir la bondad de Dios en tu vida con otros? Reúnete para celebrar, pues hemos sido creados para vivir en comunidad. Anótate para la fiesta. Marca un hito. Atesora el momento. Esparce el gozo.

Sheila Walsh

Promesas sobre las Celebraciones

Que se alegren todos los que en ti buscan refugio; ¡que canten siempre jubilosos! Extiende tu protección, y que en ti se regocijen todos los que aman tu nombre. Porque tú, Señor, bendices a los justos; cual escudo los rodeas con tu buena voluntad.

Salmo 5:11,12

Cada generación celebrará tus obras y proclamará tus proezas. Se hablará del esplendor de tu gloria y majestad, y yo meditaré en tus obras maravillosas. Se hablará del poder de tus portentos, y yo anunciaré la grandeza de tus obras. Se proclamará la memoria de tu inmensa bondad, y se cantará con júbilo tu victoria.

Salmo 145:4-7

El Gozo de Ser Familia

*R*ecientemente mi prima Ann, a la que no había visto desde la niñez, me contactó. ¡Qué sorpresa! Me alegró saber que ella quería reanudar el lazo después de tantos años. (Crecimos en diferentes estados y nuestros caminos nunca se cruzaron.) Ann dice que despertó un día y se dio cuenta de que había perdido el contacto con la familia de su papá (mi tío). Teniendo más de sesenta años, decidió llamar a todos sus primos y restablecer las relaciones. No podría haberme alegrado más, así que acordamos encontrarnos en una de mis conferencias en el sur del país. Nuestra reunión fue divertida y nos permitió restablecer el lazo familiar. ¿No es este el verdadero sentido de lo que significa ser familia?

PATSY CLAIRMONT

*C*omo faltaban poquitos días para la fiesta de Acción de Gracias, salí corriendo a buscar un pavo congelado. Apresuradamente, compré un «Jenny O» de dieciséis libras.

Las instrucciones en la espalda congelada de Jenny me decían que la pusiera en el refrigerador, donde se descongelaría. Con anticipación inocente, saqué a Jenny del refrigerador en la mañana de Acción de Gracias. No parecía tan tiesa como el día en que nos conocimos, pero tampoco se mostraba muy dócil y manejable.

Jenny salió del horno alrededor de las cinco de la tarde. Ella estaba sabrosa y húmeda hasta que corté a más de una pulgada de profundidad. Llegué a la carne rosada y me dio un ataque de solo pensar en el peligro de la salmonella.

A pesar de esta pequeña crisis con el pavo, mi familia, algunos amigos queridos y yo pasamos un tiempo maravilloso. A veces me olvido y le presto atención a los aspectos externos de una celebración, lo cual, por supuesto, ahoga mi experiencia de gozo. Aunque hubiéramos tenido la necesidad de comprar pizza hecha y permitirle a Jenny que comiera con nosotros, hubiéramos disfrutado la ocasión por el solo hecho de estar juntos.

Marilyn Meberg

Promesas sobre la Familia

Ustedes ya no son extraños ni extranjeros, sino conciudadanos de los santos y miembros de la familia de Dios.

Efesios 2:19

Obedece el mandamiento de tu padre y no abandones la enseñanza de tu madre. Grábatelos en el corazón; cuélgatelos al cuello. Cuando camines, te servirán de guía; cuando duermas, vigilarán tu sueño; cuando despiertes, hablarán contigo.

Proverbios 6:20-22

Por mi parte, mi familia y yo serviremos al Señor.

Josué 24:15

Vivan en armonía los unos con los otros; compartan penas y alegrías, practiquen el amor fraternal, sean compasivos y humildes.

1 Pedro 3:8

Los Días de tu Vida

A veces me siento melancólica, por lo cual he aprendido a evitar ciertas cosas en esos días. No me peso, no escucho música triste, no me corto el cabello, no abro una caja de chocolates ni salgo a comprar un traje de baño. Trato de ser chispeante y alegre. La mejor forma es volviéndome portadora del germen del gozo, infectando a las personas con alegría para que se manifiesten los síntomas de la risa: es la mejor manera de vencer la melancolía.

Tengo el hábito de sacarle el jugo a la diversión y el amor cada día. Si no sabes por dónde empezar la próxima vez que te sientas melancólica, haz algo simple. Llena las horas del día con excursiones a la comedia. Descubrirás lo que hace reír a la gente y cómo comunicarte a través de la risa. Se trata de empezar, nunca rendirse, ser amistosa y dirigir la atención hacia el prójimo. ¡Las personas que quieren a la gente son aquellas a quienes la gente quiere!

Barbara Johnson

*M*e gustan los días especiales, aquellos que conmemoran algún suceso: cumpleaños, aniversarios, graduaciones. Mis diarios siempre están llenos de recuerdos como: «Hace exactamente cuarenta años mis padres se casaron», o «Si mi papá estuviera vivo, hoy cumpliría noventa años», o «¿Te acuerdas, Luci? Hace tres años compraste esta casa».

Los días son importantes y los espero. Aguardo con expectativa el momento en que mis amigos vendrán a festejar el Día de Acción de Gracias, o la próxima vez en que veré a mi hermano en Florida. Nunca puedo esperar que llegue la Navidad.

La palabra «días» aparece más de quinientas veces en las Escrituras, y la ley mosaica prescribía días de fiesta en que la congregación debía festejar con danzas, cánticos, descanso laboral y acción de gracias a Dios. Eran ocasiones de gozo y regocijo.

Te animo a que crees días especiales para ti y tu familia. Veinticuatro horas para hacer algo diferente por completo a lo que haces los demás días... o para no hacer nada.

Este es el día que hizo el Señor. Regocíjate. Celebra todos tus días.

LUCI SWINDOLL

Promesas sobre tus Días

Este es el día en que el Señor actuó; regocijémonos y alegrémonos en él.

Salmo 118:24

Este día ha sido consagrado a nuestro Señor. No estén tristes, pues el gozo del Señor es nuestra fortaleza.

Nehemías 8:10

Si llamas al sábado «delicia», y al día santo del Señor, «honorable»; si te abstienes de profanarlo, y lo honras no haciendo negocios ni profiriendo palabras inútiles, entonces hallarás tu gozo en el Señor.

Isaías 58:13,14

Les digo que éste es el momento propicio de Dios; ¡hoy es el día de salvación!

2 Corintios 6:2

Renueva la Esperanza con Oración

Una de las personas más pintorescas de mi familia es mi tío Lawrence Morris, hijo, el único hermano de mi madre. Su apodo es Tío Hermano. Aunque aceptó a Cristo en su juventud, Tío Hermano vivió su vida como el diablo. Sin embargo, siempre oré por su regreso al Señor. No quería que Tío Hermano muriera sin saber que podía disfrutar de una vida mejor que la que había elegido.

Gracias a Dios, en los últimos años, Tío Hermano ha hecho cambios notables. Lee su Biblia, cuida su lengua, ha cambiado de amigos y se preocupa por los demás.

Dios siempre ha estado presente. Ha estado esperando que mi tío le volviera a abrir su corazón.

¿Conoces a alguien que crees que nunca llegará a cambiar? Nadie está tan lejos de Dios que no pueda regresar al Señor. Nuestra responsabilidad consiste en seguir golpeando la puerta de Dios por esa persona y en tener la fe de que él responderá nuestras oraciones. Agradécele a Dios por lo que hará. Con paciencia y esperanza descansa en el Señor. ¡Renueva tu esperanza!

Thelma Wells

La promesa de orar por alguien que atraviesa dificultades se desprende con facilidad de nuestra lengua. Sin embargo, ¿somos en realidad sinceras? Nuestras hermanas, hermanos y niños en la fe necesitan que estemos comprometidas con sus vidas.

La oración no es un último recurso, sino un privilegio de primera clase. No sabemos orar como debiéramos, pero igual debemos orar. Nunca conoceremos por qué algunas cosas ocurren de cierta manera. No obstante, nos afirmamos sobre los acantilados de la vida y seguimos orando, puesto que la oración cambia tanto a quien ora como a las personas que son objeto de la oración.

Algunos creen que las oraciones caen en oídos sordos. No es así. Se requiere fe para entender esto. La fe es la habilidad de dejar que tu luz brille aunque tu fusible esté quemado. La fe permite ver la luz con los ojos del corazón, mientras los ojos del cuerpo solo ven oscuridad.

Dios cambia las cosas a nuestro alrededor por causa de nuestra dedicación a la oración. Mientras la pena mira hacia atrás y la preocupación mira en derredor, la fe mira hacia arriba. Al orar, podemos enfrentar reveses finitos, pero nunca debemos perder la esperanza infinita.

BARBARA JOHNSON

Promesas sobre Renovar la Esperanza

Cobren ánimo y ármense de valor, todos los que en el Señor esperan.

Salmo 31:24

El Señor los espera, para tenerles piedad; por eso se levanta para mostrarles compasión. Porque el Señor es un Dios de justicia. ¡Dichosos todos los que en él esperan!

Isaías 30:18

Bueno es el Señor con quienes en él confían, con todos los que lo buscan. Bueno es esperar calladamente a que el Señor venga a salvarnos.

Lamentaciones 3:25,26

Espera al Señor. Porque en él hay amor inagotable; en él hay plena redención.

Salmo 130:7

Mira a Cristo y Encuentra Gozo

Realmente no hay una fórmula fácil para apropiarse del gozo. El gozo se produce dentro de nosotros mediante la obra restauradora de Dios, que nos enseña a vivir en él mientras opera en nuestro interior y a través de nosotros.

El gozo no se puede comprar. No se puede extraer de un libro o una conferencia. No se puede absorber por ósmosis al estar en compañía de ciertas personas que parecen tenerlo. Puedes pasarte la vida intentando eliminar el dolor y el estrés de tu mundo con la esperanza vana de que el gozo tomará su lugar. Puedes suplicar, orar y negociar sin éxito. El gozo solo viene como resultado de una relación con la fuente de todo gozo.

¿Recuerdas la promesa de Juan 15:4? «Permanezcan en mí, y yo permaneceré en ustedes. Así como ninguna rama puede dar fruto por sí misma, sino que tiene que permanecer en la vid, así tampoco ustedes pueden dar fruto si no permanecen en mí». No puedes salir y ejercitar el gozo. Hemos sido llamados a descansar en aquel que es el gozo. Sin él no hay fruto, no hay gozo verdadero.

SHEILA WALSH

En este mundo instantáneo, a menudo deseamos soluciones de microondas para los problemas de fuego lento. No me avergüenza admitir que me faltan soluciones para los problemas abrumadores. Algunas cosas le pertenecen al Señor; solo él conoce esos secretos. En la tierra buscamos consejo de los expertos, sabiduría de los maestros, solaz de los consoladores, ánimo de nuestros mentores. No obstante, al fin de cuentas, debemos poner la confianza en el Señor en toda circunstancia.

Jesús está presente cuando nadie más lo está. Cuando un hijo de Dios toca fondo, descubre que Jesús es el único fundamento. No eres un número más en una red del espacio cibernético. Alguien conoce tu rostro, tu nombre, tu necesidad. Esa persona no necesita teclear una fórmula en una computadora para llegar a la solución de tu problema. Nunca dice tonterías ni te trata con tono condescendiente. Más bien, ofrece amor y un lugar en el que aterrizar. Te brinda la tranquilidad de saber que es todo lo que necesitarás en cualquier momento de la vida.

Arriésgate. Aférrate a la visión que Dios te da. Celebra la vida.

Barbara Johnson

Promesas sobre Mirar a Cristo

Cristo Jesús es el que murió, e incluso resucitó, y está a la derecha de Dios e intercede por nosotros.

Romanos 8:34

El que comenzó tan buena obra en ustedes la irá perfeccionando hasta el día de Cristo Jesús.

Filipenses 1:6

Ya que han resucitado con Cristo, busquen las cosas de arriba, donde está Cristo sentado a la derecha de Dios.

Colosenses 3:1

Consideren a aquel que perseveró frente a tanta oposición por parte de los pecadores, para que no se cansen ni pierdan el ánimo.

Hebreos 12:3

El Gozo de Dejar que Otros te Ayuden

Una de las mejores maneras de relacionarse con otros es dándoles responsabilidades. En casa toda la familia debiera compartir las tareas para mantener todo en orden. En el trabajo, la gente quiere participar en los acontecimientos y tener esferas de responsabilidad. Otras personas esperan que elimines algunas responsabilidades de tu agenda para que ellas las puedan tomar.

Lleva tiempo completar el proceso de delegación. El adiestramiento, las explicaciones y la supervisión son partes integrales. Sin embargo, cuando todos conocen sus responsabilidades y las pueden llevar a cabo con poca supervisión, empiezas a cosechar los resultados.

Me imagino que cuentas con algunas personas a las que puedes delegarles algunos quehaceres domésticos, de la oficina y la iglesia. ¿No sería estupendo no tener las palabras aterradoras «¡Fuego! ¡Otro fuego!» reverberando dentro de tu mente? Debes tomar la decisión de dejar de apagar el fuego a solas. Confía en otros para darles tareas importantes. Delega.

THELMA WELLS

$\mathcal{H}$ace poco me mudé a solo siete cuadras de distancia. Igual tenía que recogerlo todo y encontrarle un lugar en el nuevo hogar. Si no, tendría que desprenderme de las cosas que había acumulado durante treinta y cuatro años. Gracias a Dios, conté con amigos que vinieron al rescate y me ayudaron a empacar.

Luego de la llegada a nuestra nueva casa, me abrumó la idea de tener que asentarme. Creía que podía tener todo bajo control a corto plazo. Sin embargo, andaba de un cuarto a otro sin saber qué hacer. Carol vino a ayudarme y darme aliento por las mañanas durante cuatro días seguidos. Se quedaba hasta el atardecer, cuando preparaba la cena, la servía y después limpiaba todo. Pueden imaginarse cuánto bien me hizo en el plano emocional. Nunca pretendí este tipo de esfuerzo más allá del deber, pero estoy segura de que me hubiera hundido en la nueva casa antes de descargar mis pertenencias si no hubiera contado con el salvavidas de la bondad de Carol.

PATSY CLAIRMONT

Promesas acerca de dejar que Otros te Ayuden

No está bien lo que estás haciendo —le respondió su suegro—, pues te cansas tú y se cansa la gente que te acompaña. La tarea es demasiado pesada para ti; no la puedes desempeñar tú solo. Oye bien el consejo que voy a darte, y que Dios te ayude. Tú debes representar al pueblo ante Dios y presentarle los problemas que ellos tienen. A ellos los debes instruir en las leyes y en las enseñanzas de Dios, y darles a conocer la conducta que deben llevar y las obligaciones que deben cumplir. Elige tú mismo entre el pueblo hombres capaces y temerosos de Dios, que amen la verdad y aborrezcan las ganancias mal habidas, y desígnalos jefes de mil, de cien, de cincuenta y de diez personas. Serán ellos los que funjan como jueces de tiempo completo, atendiendo los casos sencillos, y los casos difíciles te los traerán a ti. Eso te aligerará la carga, porque te ayudarán a llevarla. Si pones esto en práctica y Dios así te lo ordena, podrás aguantar; el pueblo, por su parte, se irá a casa satisfecho.

Éxodo 18:17-23

Compañeras Benditas

Nos necesitamos unos a otros. Las Escrituras dicen que mejor son dos que uno. Se nos enseña a cuidar, amar, orar, aceptar, perdonar, servir y animar a las demás personas.

Me encanta esta virtud de mis compañeras en las conferencias de Mujeres de Fe. Andamos de un lado al otro del país, cuidándonos unas a otras. Nos ayudamos con gozo, de corazón. Cuando una está caída, la ayudamos entre todas. Cuando una celebra, nos regocijamos juntas. Somos un equipo. Nunca esperamos este tipo de fusión, pero así se dio.

Por más que uno insista en que no le hace falta nada, nos necesitamos los unos a los otros. Nadie es una isla, un «Llanero Solitario». Nos encontramos en esta cosa llamada comunidad, y parte del gozo de ser una comunidad es compartir el peso que llevamos. El peso de las cargas, las pérdidas, la soledad y el temor.

Mira alrededor, amiga. ¿En quién te apoyas? ¿Quiénes se apoyan en ti? Observa con cuidado. Aun los que insisten en que pueden arreglárselas solos posiblemente estén anhelando que te acerques para ayudarlos. Y prepárate tú también para recibir ayuda. Hasta el Llanero Solitario tenía un ayudante.

LUCI SWINDOLL

La clave de la amistad entre las mujeres es llegar a aceptarnos unas a otras incondicionalmente, una cosa bastante difícil para chicas como nosotras. ¡Si alcanzamos ese objetivo, las recompensas no tienen fin! La paga es una bonanza adicional. ¡Es un hecho probado que nos mantendremos más jóvenes, habrá menor probabilidad de que nos deprimamos, y ahorraremos una fortuna en costos de consejería!

El secreto de la amistad radica en bendecirnos unas a otras, y dentro de la bendición vemos un calidoscopio de significados: hacer feliz, alabar, agradecer, proteger, santificar, favorecer, celebrar, bendecir. Esto no es solo para las mejores amigas, sino que se aplica a todas las relaciones humanas cercanas: entre esposo y esposa, padre e hijo, hermana y hermano, los vecinos y los miembros de una iglesia. Es algo intercultural, interracial, intergeneracional e intermedianeracional... ¡palabras inventadas, pero que también se permiten entre amigos!

SUE BUCHANAN

Promesas sobre las Compañeras Benditas

Ayúdense unos a otros a llevar sus cargas, y así cumplirán la ley de Cristo.

> Gálatas 6:2

Dios mismo les ha enseñado a amarse unos a otros.

> 1 Tesalonicenses 4:9

Ámense los unos a los otros con amor fraternal, respetándose y honrándose mutuamente.

> Romanos 12:10

Hacen muy bien si de veras cumplen la ley suprema de la Escritura: «Ama a tu prójimo como a ti mismo».

> Santiago 2:8

Ámense de todo corazón los unos a los otros.

> 1 Pedro 1:22

El Orgullo Destruye el Gozo

Qué rápido juzgamos por las apariencias externas a los demás. Vemos ropa que no combina y criticamos. Miramos los modales, la música, la postura o las características faciales de los demás... sin parar de juzgar.

Les garantizo que si la perspectiva humana hubiera sido el criterio para el juicio de Dios, hace mucho que los Swindoll hubieran desaparecido. Mis hermanos y yo pasamos la mayor parte de nuestras vidas vistiendo ropa gastada que no combina. Con mucha frecuencia voy a hacer compras con mi ropa más vieja. No quiero cambiarme solo para ir a comprar leche, buscar una hamburguesa o lavar el auto.

En su libro *El Principito*, Antoine de Saint-Exupery dice: «Solo se puede ver correctamente con el corazón; lo esencial es invisible a los ojos».

La idea de que «lo esencial es invisible» capta lo que leemos en las Escrituras. No tenemos el derecho de juzgar a los demás. Cuando no les hago demandas a otros a causa de mi juicio, soy feliz porque hago bien. Cuando nadie me impone demandas a mí, me deja libre para ser quien soy.

LUCI SWINDOLL

*L*a arrogancia es deprimente. Se nos advierte en contra de la altivez, o sea, de tener un concepto demasiado elevado de nosotros mismos. Como cuando pensé que lucía bien, solo para descubrir que mis pantimedias se me habían caído y ondeaban al viento detrás de mí, y eso en la vía pública.

¿Recuerdas cuando José (en Génesis) alardeaba de su túnica de muchos colores delante de sus hermanos? Ellos, a su vez, se la quitaron y lo vendieron como esclavo. Por cierto, nuestra ostentación tiende a hacernos tropezar. La altivez suele presagiar una caída más adelante.

Supongo que Dios sabía que para madurar José tendría que superar su anhelo de ser el centro de atención. Sin embargo, aquí está la verdad asombrosa: al crecer, José aprendió a afrontar sus momentos altos y también los bajos. Llegó a ser un ejemplo para otros mientras los cambios en su posición social se asemejaban a un ajetreado ascensor.

Todo esto me lleva a preguntar: ¿Quién ocupa nuestro centro de atención? ¿El Señor? ¿Nosotras? ¿Estamos dispuestas a ser un ejemplo para otros, ya sea que descendamos o ascendamos?

PATSY CLAIRMONT

Promesas sobre Vencer el Orgullo

Vale más la paciencia que la arrogancia.

>Eclesiastés 7:8

El orgullo sólo genera contiendas, pero la sabiduría está con quienes oyen consejos.

>Proverbios 13:10

Con el orgullo viene el oprobio; con la humildad, la sabiduría.

>Proverbios 11:2

Al orgullo le sigue la destrucción; a la altanería, el fracaso.

>Proverbios 16:18

Todo el que a sí mismo se enaltece será humillado, y el que se humilla será enaltecido.

>Lucas 18:14

El Gozo de la Comunión

*E*stoy convencida de que no importa dónde me encuentre, la comunión con otros cristianos es imperativa para mi corazón y mi alma. No hay nada que lo pueda reemplazar.

Un día, al llegar a una iglesia en Buenos Aires, los sonidos animados del canto y el batir de palmas nos alcanzaron en la acera, nos envolvieron, y literalmente nos impulsaron hacia adelante. Nos rodearon personas con sonrisas radiantes que cantaban alabanzas a Dios con total entrega. No solo me movió la poderosa presencia del Espíritu Santo en ese lugar, sino que también me di cuenta de que me rejuveneció estar rodeada de creyentes. Fue maravilloso estar inmersa en la unidad de estos queridos cristianos, que nos abrazaron y besaron de una forma totalmente genuina. Ese dulce domingo vivirá por siempre en mi memoria al meditar en una comunión que no tiene frenos por causa de las barreras culturales.

¿Y tú? ¿Buscas la comunión que sobrepasa a todas las demás? Pasa tiempo con otros creyentes regocijándote por lo que tienes en Jesús. Canten algunas canciones. Rían juntos. Oren los unos por los otros. Abrácense y celebren la unión bendita del amor cristiano.

MARILYN MEBERG

Un día frío. Cae la nieve, comienza una tormenta. Se requiere una cualidad especial para quedarte en el trabajo, mantener a los niños contentos en casa, ir a la iglesia y ser un buen vecino en esos gélidos meses del invierno.

Asimismo existen momentos glaciales en nuestra fe. Hay días fríos cuando la fe muere: el amor nos abandona, una amiga se muda a otra ciudad, se termina el trabajo, el banco quiebra. Dios parece estar distante. La oración se desvanece en tu garganta antes de pronunciar la primera palabra. La Biblia te mira con una página en blanco. Pudiéramos llamarle quemadura de hielo espiritual. Es dolorosa. Venenosa. Peligrosa.

La iglesia es la estufa de Dios. En ella apilamos la leña, revolvemos las brasas, prendemos un fósforo. Necesitamos el calor de los demás para sobrevivir a los inviernos de la vida. No te dejes engañar por la apariencia de fortaleza con la que algunos se protegen. Comparte la primavera con los demás. No te escondas tras la conveniencia. Trata de discernir quién necesita una palabra o un oído atento por unos momentos. Quizá estés dispuesta a dar justo lo que esa persona necesita recibir. ¡Acércate y anima a un corazón!

Barbara Johnson

Promesas sobre la Comunión

Ámense los unos a los otros con amor fraternal, respetándose y honrándose mutuamente. Nunca dejen de ser diligentes; antes bien, sirvan al Señor con el fervor que da el Espíritu ... Ayuden a los hermanos necesitados. Practiquen la hospitalidad ... Vivan en armonía los unos con los otros. No sean arrogantes, sino háganse solidarios con los humildes. No se crean los únicos que saben. No paguen a nadie mal por mal. Procuren hacer lo bueno delante de todos. Si es posible, y en cuanto dependa de ustedes, vivan en paz con todos.

Romanos 12:10-18

Donde dos o tres se reúnen en mi nombre, allí estoy yo en medio de ellos.

Mateo 18:20

El Gozo de Ser Diferente

Tocamos el timbre y reí al mirar a través del vidrio de la puerta y ver a cuatro perros peludos tropezándose entre sí mientras corrían para llegar primero a la entrada.

Luego de sentarnos en el estudio de nuestros amigos, los perros encontraron sus lugares, tirándose en el piso a causa del cansancio de una recepción tan efusiva.

«¿Siempre te ocupas de rescatar animales de la perrera?», pregunté

«Así es», respondió Karalyn. «Todos deseamos tener un animal perfecto, uno nuevo que se vea bien, que no tenga fallas ni limitaciones, pero yo he visto que los animales que han pasado por todo menos ser abandonados tienen mucho amor para dar».

Cristo dijo que debiéramos ayudar a aquellos que no tienen cómo devolver el favor. A todas las iglesias llegan los domingos personas que sufren soledad y se retiran en soledad. Los hogares de ancianos están llenos de vidas olvidadas. ¡Qué bendición sería para ellos y nosotros si los visitáramos y los incluyéramos en nuestras vidas!

SHEILA WALSH

¿*Tengo* la audacia de ser genuina? Deseo ser una mujer auténtica y compasiva, que logre atraer a las personas al calor del abrazo de Dios.

Cualquiera de nosotras puede hacerlo. Tal vez nunca ganemos grandes galardones ni obtengamos el primer lugar por nuestro vestuario, hermosura, popularidad o reconocimiento. Sin embargo, cada una de nosotras tiene un brazo para sostener a otra persona. Cada una puede abrigar a un ser humano. Todas podemos invitar a algún necesitado a refugiarse junto a nuestro corazón.

Podemos ofrecer una palmada en la espalda, una palabra de aliento, un beso en la mejilla o una muestra de aprobación. Podemos brindarle una sonrisa a un desconocido, decir hola cuando menos se espera, mandar una tarjeta de felicitación, llevarle flores a un vecino enfermo, preparar una comida para una mujer que acaba de dar a luz.

Tomemos aquello que nos separa, nos hace diferentes, nos provoca discordia, y transformémoslo en un motivo para ser halagüeñas y agradecidas con los demás. Seamos lo bastante grandes para ser menores que nuestros vecinos, cónyuges, amigos y desconocidos. Todos los días.

BARBARA JOHNSON

Promesas sobre ser Diferentes

Hoy mismo el Señor ha declarado que tú eres su pueblo, su posesión preciosa, tal como lo prometió. Obedece, pues, todos sus mandamientos.

Deuteronomio 26:18

Les daré un nuevo corazón, y les infundiré un espíritu nuevo; les quitaré ese corazón de piedra que ahora tienen, y les pondré un corazón de carne. Infundiré mi Espíritu en ustedes, y haré que sigan mis preceptos y obedezcan mis leyes.

Ezequiel 36:26,27

Sepan que el Señor honra al que le es fiel.

Salmo 4:3

Somos hechura de Dios, creados en Cristo Jesús para buenas obras, las cuales Dios dispuso de antemano a fin de que las pongamos en práctica.

Efesios 2:10

Vístete de Alegría

Estoy convencida de que debemos divertirnos, pues la que ríe dura hasta el final. No importa si tu ocupación es el paracaidismo, visitar a los enfermos, navegar por la red, cuidar a las viudas o pasarla bien, todo lo que hagas, hazlo de forma correcta y nunca pierdas la habilidad de esparcir el gozo. Pon algo de él en el bolsillo del desconocido a tu lado en el mercado. Rocíalo sobre la cabeza de la anciana que cruza la calle frente a ti. Déjales mensajes divertidos a tus hijos adolescentes o envíales un e-mail. Despierta tu esposo con un aroma de rosas. Nunca olvides sonreír.

Las sonrisas son contagiosas. Cada vez que las desparramas sobre tus labios, iluminan el rostro y el corazón de los demás. Y tarde o temprano, te devolverán una sonrisa cuando más la necesites. Es algo que cualquiera, todo el mundo, sabe hacer bien. Esto sí que es una situación en la que todos ganan... ¡a un lado, Stephen Covey!

BARBARA JOHNSON

¡Trata de imaginar lo que significa ser invitada a viajar la mayoría de los fines de semanas del año por todo el país con cinco mujeres que no conoces! Predicarán, comerán y orarán juntas. Sentirán al unísono la presión, y compartirán el gozo y las tribulaciones de viajar juntas. Para mí sería una unión demasiado forzosa con un grupo de desconocidas.

Si hubiera sabido lo que significaría estar y viajar con estas cinco Mujeres de Fe, hubiera... bueno, me habría unido al grupo antes. No tenía la menor idea de lo emocionante y vivaz que era ese grupo, ni de la influencia que tendría sobre mi vida. A través del dolor, la tristeza, la desilusión, la molestia y la incomodidad de esta vida, estas mujeres maravillosas son divertidas, aventureras y chispeantes.

Así como ellas influyeron en mí y me animaron, tú puedes ser una bendición para aquellos que se cruzan en tu camino. La vida tiene sus momentos de seriedad, pero tal vez el secreto para que tú y los demás atraviesen los tiempos buenos y malos sea tener un poquito de locura. Bendice a otra persona, hazla sonreír.

THELMA WELLS

Promesas sobre Vestirse de Alegría

El corazón alegre se refleja en el rostro.

> Proverbios 15:13

Gran remedio es el corazón alegre, pero el ánimo decaído seca los huesos.

> Proverbios 17:22

Para el que es feliz siempre es día de fiesta.

> Proverbios 15:15

Alégrense siempre en el Señor. Insisto: ¡Alégrense!

> Filipenses 4:4

¡Canten al Señor con alegría, ustedes los justos; es propio de los íntegros alabar al Señor.

> Salmo 33:1

El Gozo de Cuidar a los Familiares

El amor genuino requiere honestidad, arriesgarse los unos por los otros y atravesar momentos difíciles porque deseamos una relación verdadera.

Hace poco un amigo me dijo que solo se comunica con su madre por e-mail, pues así la hace más tolerable. Le pregunté si alguna vez había hablado con ella sobre la dificultad en la comunicación entre ambos. Me miró como si le estuviera diciendo alguna locura. «Debes estar bromeando», me dijo. «¿Hablar con mi madre? ¡Eso es como tratar de negociar con un escorpión!»

A menudo, en la familia tenemos un cierto patrón de conducta porque creemos que los demás esperan eso de nosotros. Es como un paso de baile que desarrollamos a través de los años. Debemos tener un nuevo enfoque. Poner un disco nuevo. Decir «gracias». Enviar flores. Escribir una nota. Obtener una nueva perspectiva. Mudarnos más cerca.

SHEILA WALSH

El cuidado es un regalo que se obsequia a otra persona, y las mujeres cristianas son buenas en este aspecto. El dolor que origina a veces tiene como resultado el valor agregado de saber que una está viva y bien, que todavía tiene un corazón tierno. La simpatía no es otra cosa que tu dolor en mi corazón.

No podemos evitar siempre el desastre. A veces descubrimos que la luz al final del túnel es el reflector del tren que viene hacia nosotros. Sin embargo, he visto que el mejor punto de apoyo que tenemos en esta vida son los amigos. Y aun cuando eso fracasa, tenemos la seguridad de que Dios nos sostiene.

Trato de tomar el agua fría que me tiran encima, la caliento con mi entusiasmo, y la uso para ir a todo vapor hacia adelante. En el largo viaje, procuro amar y vivir en la fortaleza del Señor. Al final de cada día, antes de taparme con la cobija, le entrego todos mis problemas al Espíritu Santo. Me alegra saber que se queda levantado hasta tarde para tratar con ellos. ¡Luego me duermo con la certeza de que las cosas quebrantadas se convierten en bendiciones si dejo que Cristo se encargue de la reparación!

Barbara Johnson

Promesas sobre el Cuidado de los Familiares

El que no provee para los suyos, y sobre todo para los de su propia casa, ha negado la fe y es peor que un incrédulo.

> 1 Timoteo 5:8

Hagamos bien a todos, y en especial a los de la familia de la fe.

> Gálatas 6:10

No son los hijos los que deben ahorrar para los padres, sino los padres para los hijos.

> 2 Corintios 12:14

¿Quién de ustedes que sea padre, si su hijo le pide un pescado, le dará en cambio una serpiente? ¿O si le pide un huevo, le dará un escorpión? Pues si ustedes, aun siendo malos, saben dar cosas buenas a sus hijos, ¡cuánto más el Padre celestial dará el Espíritu Santo a quienes se lo pidan!

> Lucas 11:11-13

Una Perspectiva Positiva

El estrés está en todas partes. La gente está tensa porque sabe que hoy es el mañana del que se preocupaba ayer. Los que hacen dieta saben lo que es el estrés. Alguien dijo: «Hace dos semanas que estoy a dieta y todo lo que he perdido son catorce días». Este es un tipo de estrés impuesto por uno mismo.

¿Cómo se cura el estrés? Tal vez la cura no exista, pero tu actitud puede cambiar la forma en que te afecta.

El estrés es una contaminación psicológica. Erradica tales cosas con una perspectiva positiva. Acepta lo que no puedes cambiar y no insistas en analizar tus debilidades y las de los demás. Sé traviesa por un día o un rato, provoca que un vecino se ría, haz alguna broma, deléitate con alguna sorpresa loca.

No malgastes el día de hoy frenando las oportunidades de mañana con los problemas de ayer. Dios ha prometido convertir tus «días de preocupación en lluvias de bendición».

Barbara Johnson

*M*e encanta ir de compras al mercado. Me gusta tener muchas opciones y poder anticipar la preparación de comidas maravillosas. Tomo un ramillete de flores y pareciera que no puedo borrar la sonrisa de mi rostro. De tanto en tanto, agrego un frasco de pepinillos, un fijador de cabello o un paquete de embutidos al carro de compras de otra persona, solo para divertirme y darle un susto cuando llegue a la caja registradora.

Hasta el correo puede darnos alegría. La semana pasada compré diez estampillas y le di dos a cada una de las cinco personas que me seguían. Les dije que me molestaba tener que esperar en la fila y estaba segura de que a ellas también.

Todos tenemos cosas en la vida que debemos hacer, pero podemos elegir cómo hacerlas. La decisión es nuestra. Sin embargo, les puedo garantizar que hay una sola manera de tener gozo... haciendo todo «como para el Señor».

Dicho sea de paso, si eres una de las personas que llegó con un frasco adicional de pepinillos, disfrútalos. Ayudaste a hacer sonreír a alguien. Todo es cuestión de perspectiva.

Luci Swindoll

Promesas sobre una Perspectiva Positiva

Hagan lo que hagan, trabajen de buena gana, como para el Señor y no como para nadie en este mundo.

> Colosenses 3:23

Sirvan de buena gana, como quien sirve al Señor y no a los hombres, sabiendo que el Señor recompensará a cada uno por el bien que haya hecho, sea esclavo o sea libre.

> Efesios 6:7,8

Pruébenme en esto —dice el Señor Todopoderoso—, y vean si no abro las compuertas del cielo y derramo sobre ustedes bendición hasta que sobreabunde.

> Malaquías 3:10

El Gozo de Jesús

El gozo. Una fuerza poderosa. Mira directo a los ojos de la vida con sus lágrimas y tragedias, y todos sus altibajos, y envuelve sus hombros con una cobija de consuelo eterno. No desaparece a mitad de la película. Gozo en medio del dolor, en los rostros de nuestros amigos, en los momentos de quietud de la vida. Este don que el mundo anhela, y vende el alma para conseguir, solo se encuentra en los brazos de Aquel que es gozo. No tiene sustancia sin su presencia.

El libro *The Book of Common Prayer* [El libro de la oración común] contiene una hermosa oración para el atardecer que pide ayuda a Dios en diversas circunstancias. «Atiende a los enfermos, Cristo Señor, dale descanso al agobiado, bendice al que muere, conforta al que sufre, ten piedad del afligido, escuda al gozoso; por amor de tu nombre. Amén».

¿Oíste eso? Esa es mi oración por ti. La envuelvo en esta página con todo el amor del cielo: «Escuda al gozoso». Yo le pido: «Envuélvelas, querido Señor. Cuídalas y mantenlas en amor y esperanza. Háblales en el silencio y en el ruido y en todos los momentos del día… Por amor de tu nombre. Amén».

SHEILA WALSH

Promesas sobre el Gozo de Jesús

Jesús dijo: «Carguen con mi yugo y aprendan de mí, pues yo soy apacible y humilde de corazón, y encontrarán descanso para su alma. Porque mi yugo es suave y mi carga es liviana».

Mateo 11:29,30

Jesús dijo: «Yo les he dicho estas cosas para que en mí hallen paz. En este mundo afrontarán aflicciones, pero ¡anímense! Yo he vencido al mundo».

Juan 16:33

Que nuestro Señor Jesucristo mismo y Dios nuestro Padre, que nos amó y por su gracia nos dio consuelo eterno y una buena esperanza, los anime y les fortalezca el corazón, para que tanto en palabra como en obra hagan todo lo que sea bueno.

2 Tesalonicenses 2:16,17

Gozo para el alma de la mujer es un libro de Women of Faith [Mujeres de Fe].

Mujeres de Fe se ha asociado con Editorial Vida, Zondervan Publishing House, Integrity Music, la revista Today's Christian Woman y Campus Crusade a fin de ofrecer conferencias, publicaciones, música de adoración y obsequios de inspiración para afirmar y animar a las mujeres cristianas.

Desde su comienzo en enero de 1996, las conferencias de Mujeres de Fe han gozado de gran aceptación en los Estados Unidos.

Para mayor información dirígete a la página de la Internet:

www.women-of-faith.com

Nos agradaría recibir noticias suyas.
Por favor, envíe sus comentarios sobre este libro
a la dirección que aparece a continuación.
Muchas gracias.

Editorial Vida®
.com

Vida@zondervan.com
www.editorialvida.com

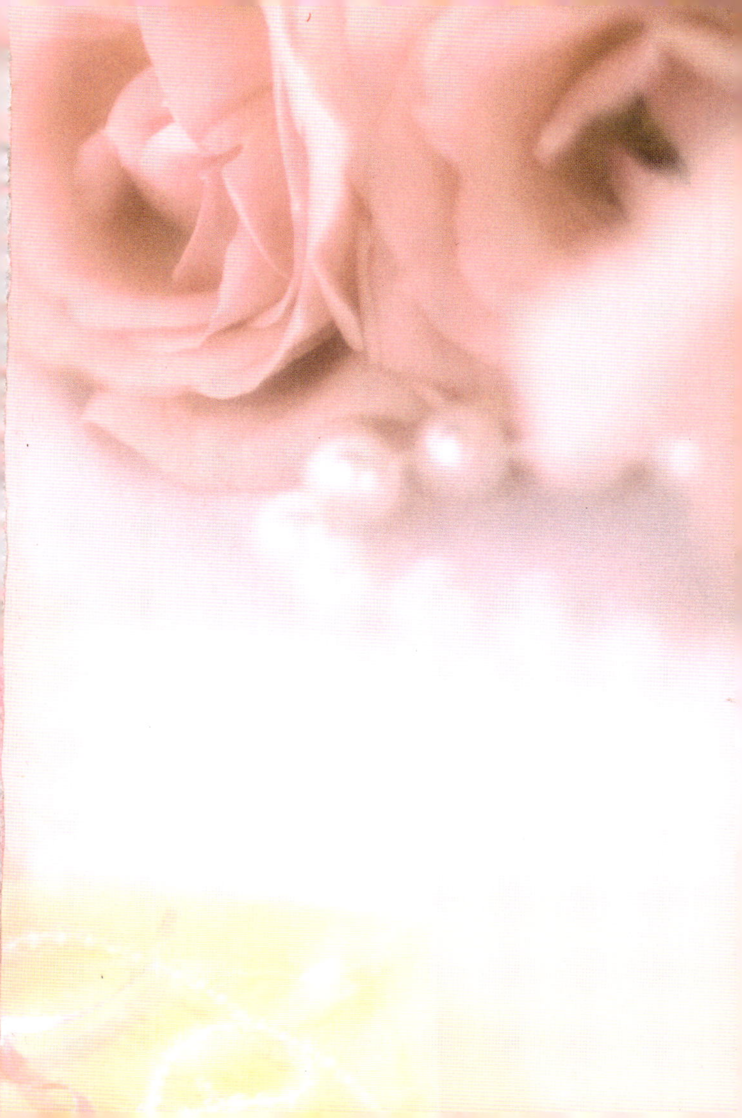

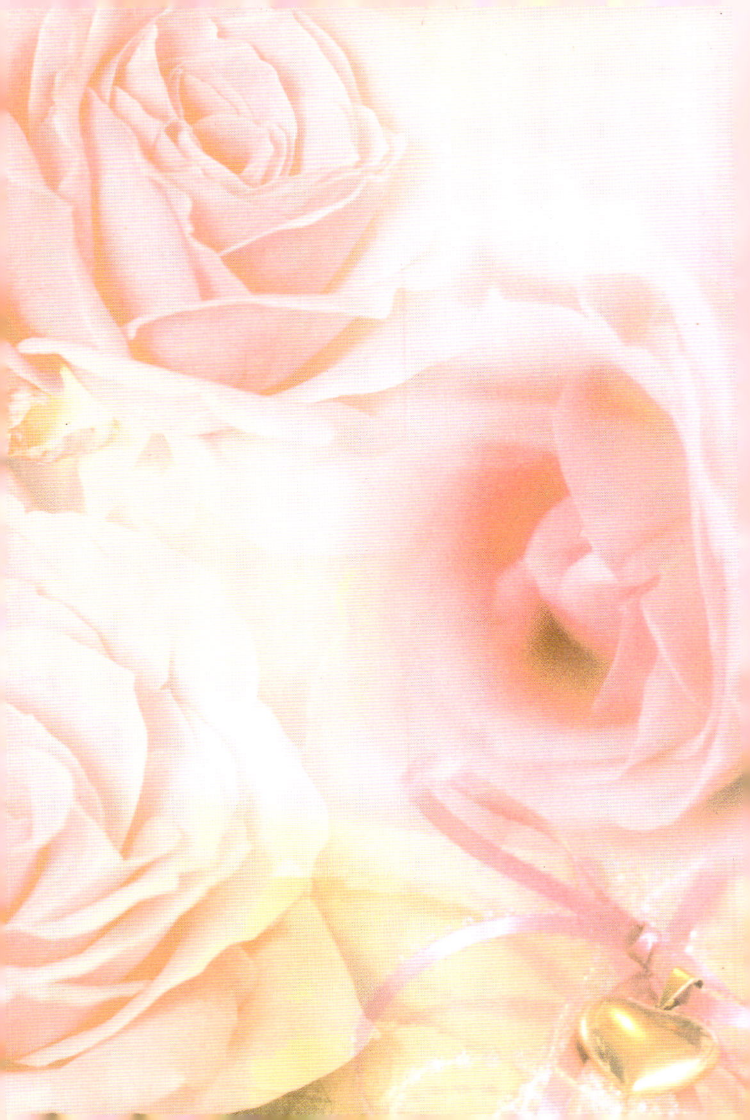